扩大居民消费的财税金融政策研究

A Research on Fiscal & Tax Policies and Financial Policies for Expanding Household Consumption Demand

李雄军　著

西安电子科技大学出版社

内 容 简 介

　　居民消费需求不足问题是我国经济十余年来的一个热点和难点。本书系统、全面地研究了扩大居民消费需求的财税政策与金融政策，具体内容包括：其一，对我国居民消费现状进行了全方位的解读，包括消费水平、消费结构以及居民消费率的变化；其二，对制约我国居民消费的财税金融因素进行了统计分析、理论分析与实证研究；其三，对扩大居民消费需求的财税政策与金融政策，在提出政策思路的同时，进行了政策的理论分析。

　　本书可供政府宏观经济管理部门的工作人员和财经传媒记者参考使用，也可供西方经济学、政治经济学、国民经济学、公共管理学等相关专业研究生研究参考，还可作为经济学与公共管理学本科生财政学、金融学、公共政策学等课程的课外阅读参考书。

图书在版编目(CIP)数据

扩大居民消费的财税金融政策研究/李雄军著. —西安：西安电子科技大学出版社，2013.11
ISBN 978-7-5606-3225-4

Ⅰ.① 扩…　Ⅱ.① 李…　Ⅲ.① 居民消费—财政政策—研究—中国　② 居民消费—金融政策—研究—中国　Ⅳ.① F812.0　② F832.0

中国版本图书馆 CIP 数据核字(2013)第 240920 号

策　　划　邵汉平
责任编辑　邵汉平　王维芳
出版发行　西安电子科技大学出版社(西安市太白南路 2 号)
电　　话　(029)88242885　88201467　　邮　　编　710071
网　　址　www.xduph.com　　　　　　电子邮箱　xdupfxb001@163.com
经　　销　新华书店
印刷单位　陕西天意印务有限责任公司
版　　次　2013 年 11 月第 1 版　　2013 年 11 月第 1 次印刷
开　　本　787 毫米×960 毫米　1/16　印　张　8
字　　数　154 千字
印　　数　1～1000 册
定　　价　25.00 元

ISBN 978-7-5606-3225-4/F

XDUP 3517001-1

如有印装问题可调换

前　言

　　扩大居民消费需求是我国经济学界十几年来研究的老问题，但尚未得到根本解决，因此有进一步研究的意义。

　　在姚树洁导师、冯根福教授和刘星原教授的悉心指导和帮助下，历时两年，我终于在2013年4月中旬完成本书的写作。在此书付梓之际，谨向敬爱的姚老师、冯老师和刘老师致以最诚挚的谢意！

　　本书研究了扩大我国居民消费需求的财税政策与金融政策，共分为7章，主体部分在第3、4、5、6章。第3章是对我国居民消费的现状分析，也可以看成是对我国居民消费需求不足的存在性研究；第4章介绍制约我国居民消费需求的财税金融因素，主要研究现有的财税金融政策及其运行是如何制约我国居民消费需求的；第5章提出并论证了扩大我国居民消费需求的财税政策；第6章提出并论证了扩大我国居民消费需求的金融政策。本书中有一些扩大居民消费需求的新观点、新思路，希望能起到抛砖引玉的作用。例如取消出口退税、以房产税代替土地出让金、适度放松货币供给、在货币供给充裕的前提下积极开展利率市场化等。

　　本书的小部分内容来自我和两个同事的共同研究，他们分别是曹飞副教授、滕昕副教授，在此，我要感谢他们的帮助，感谢他们的慷慨。本书的顺利出版，也要感谢邵汉平等三位编辑付出的辛勤劳动，感谢他们的支持，感谢他们的督促。我的父母、我的岳父岳母、我的妻子邓晓宁女士在精神和物质上给予了我默默的支持，我的女儿常常盼我跟她多玩一会，我却做不到，在此，谨以此书献给他们。

　　虽然本书花费我颇多脑力，但我深感经济金融理论之深奥、中国经济金融问题之复杂和自身学识之不足。本书定有一些不妥之处，敬请各界人士不吝赐教。

李雄军

2013年9月于西安

目　　录

第1章 绪 论

1.1 研 究 背 景

在消费、投资、净出口三驾马车中，我国当前消费的比例无论是与自己纵向相比，还是与其他国家横向相比(见表 1-1)，都是偏低的。不仅美、英、德、法等发达国家的消费率显著高于我国，印度、巴西等金砖国家以及韩国、墨西哥等新兴市场经济国家的消费率也显著高于我国。改革开放后近三十年来，除 1978—1981 年为上升外，我国的居民消费率一直呈下降趋势，2000 年以后下降得更快。2005 年，居民消费率跌破 0.4 大关，2010 年仅为 0.349 436，创下历史最低，2011 年略有回升，但也仅为 0.354 164(见图 1-1)。所以，从平衡消费、投资、净出口的比例关系来讲，我国的居民消费率有必要得到提高。当前，美国次贷危机的阴霾尚未散去，欧盟中的希腊、西班牙、葡萄牙、意大利等国又传来国家债务危机的信息，而美国、日本的国家债务也日益沉重，国际经济形势一片萧然。虽然我国可以在开拓发展中国家市场方面继续发力，但是在可以预见的 5 年内，出口难以有大幅度的增长，毕竟发达国家的市场范围与消费能力远远大于发展中国家。如此背景下，作为一个 13 亿人口的经济大国，扩大我国居民消费需求，建立内需主导型经济的必要性、紧迫性大大增加了。

表 1-1 世界主要国家的消费率 (%)

年份 国家	2004	2005	2006	2007
中 国	54.2	50.6	47.7	48.8
印 度	70.2	68.3	67	64.9
巴 西	79	80.4	80.3	75.7
韩 国	65.4	67.6	69.2	69.8
墨西哥	80	79.7	79.3	79.7
美 国	86.4	86.5	na	na
英 国	86	86.5	86.4	na
德 国	77.8	77.7	76.8	na
法 国	80.3	80.7	80.4	na

资料来源：李云雀，货币政策刺激消费需求的效应分析[1]。此处按发展中国家与发达国家重新排序。

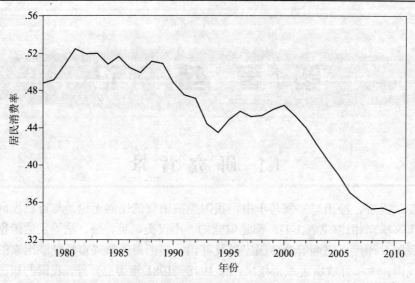

资料来源：中国统计年鉴 2012。

图 1-1 我国居民消费率的变化

在中国共产党第十八次全国代表大会上，胡锦涛代表十七届中央委员会向大会作报告。报告提出[2]，"使经济发展更多依靠内需特别是消费需求拉动，更多依靠现代服务业和战略性新兴产业带动，更多依靠科技进步、劳动者素质提高、管理创新驱动，更多依靠节约资源和循环经济推动，更多依靠城乡区域发展协调互动，不断增强长期发展后劲。""要牢牢把握扩大内需这一战略基点，加快建立扩大消费需求长效机制，释放居民消费潜力，保持投资合理增长，扩大国内市场规模。"2012 年 12 月 15 日至 16 日召开的中央经济工作会议指出[3]："从国际环境看，我国发展仍处于重要战略机遇期的基本判断没有变。同时，我国发展的重要战略机遇期在国际环境方面的内涵和条件发生很大变化。我们面临的机遇，不再是简单纳入全球分工体系、扩大出口、加快投资的传统机遇，而是促使我们扩大内需、提高创新能力、促进经济发展方式转变的新机遇。我们必须深刻理解、紧紧抓住、切实用好这样的新机遇，因势利导，顺势而为，努力在风云变幻的国际环境中谋求更大的国家利益。"可见，党中央已经把扩大内需作为未来 5 年经济工作的战略基点，而且，国际环境也在倒逼我们扩大内需。消费需求是内需的重要组成部分，投资需求归根结底要以国内的消费需求为依托，所以，扩大消费需求应当成为扩大内需的重要组成部分。而在消费需求中，居民消费支出大约为政府消费支出的 2.7 倍(见表 1-2)，考虑到政府消费支出是一种财政支出，扩大居民消费需求，而不是扩大政府消费需求，应当成为扩大内需的重中之重。

表1-2 中国居民消费支出与政府消费支出 单位：亿元

年份	2003	2004	2005	2006	2007	2008	2009	2010	2011
居民	57649.8	65218.5	72958.7	82575.5	96332.5	111670.4	123584.6	140758.6	164945.2
政府	20035.7	22334.1	26398.8	30528.4	35900.4	41752.1	45690.2	53356.3	63616.1

资料来源：中国统计年鉴2012。

1.2 研 究 意 义

当居民的消费需求被有效激发出来的时候，一个最强大内需支持的国际化大市场将可能形成，一个13亿人口的消费—投资—再消费的经济循环将被有效确立。所以，扩大居民消费需求的重要意义可以从以下三个方面来体现：

首先，从国内经济发展来讲，扩大居民消费需求有利于增强我国经济发展的内生动力。市场经济归根结底是需求推动的经济，正是广大消费者不断增长的消费需求，才推动着生产的不断发展，消费无疑是生产不断发展从而经济不断增长的内生动力。作为13亿人口的大国，居民消费需求的潜力是无穷的，充分挖掘并利用好我国国内的大市场，对保持我国经济持续快速增长至关重要。同时，如前所述，我国当前消费的比例无论是与自己纵向相比还是与其他国家横向相比都是偏低的，所以，扩大居民消费需求还有利于协调投资、消费、净出口三大经济增长动力之间的比例关系，增强我国经济发展的稳定性。

其次，从国际关系上讲，扩大居民消费需求有利于我国经济在世界经济萧条中保持一枝独秀，使我国摆脱对外部经济的过度依赖，成为新一轮世界经济增长周期中的发动机，使世界各国尤其是周边国家对我国经济发展的依赖程度大大提高，从而提高中国在国际上的经济地位与政治地位。同时，由于我国居民消费需求的有效扩大，经济体内部的自我循环功能变得十分顺畅，不管国际政治军事形势如何变幻莫测，国际经济金融形势如何萧条低迷，我国都可以做到政通人和、经济发展、金融稳健。这与中医所讲的"正气存内，邪不可干"的原理是一样的。这样，我国在与其他国家的争执中不仅可以打政治牌、军事牌、外交牌，还可以大打经济牌，更有可能使周边国家形成对我国政治经济的归属感和依赖情结。

最后，从经济发展的目的来讲，扩大居民消费需求可以提高居民的幸福指数，体现经济发展以人为本的要求。在福利经济学中，收入只是手段，而消费才是目的。我们生产的目的就是为了消费，如果我们大量地提供商品与服务，却把它们廉价地出口而只消费其中的一少部分，这无异于将我国充当为发达国家的生产奴隶。国务院办公厅对此有很好的总结[4]："搞经济建设和经济体制改革，就是要通过不断解放和发展社会生产力，最大程度地满足人民群众日益增长的物质和文化需要，要提供更多价廉物美的商品和优质服务，创造更多财富用于发展教育、医疗和文化等事业，营造更好的自然和社会环境。"可在现实生活中，却存在许多为投资而投资、为生产而生产、资源大量浪费、生态环境恶化的现象。要从根本上改变这种状况，必须认真落实科学发展观，在经济发展中坚持和体现以人为本的要求，努力扩大消费需求就是一个非常重要的方面。

1.3 研究对象

居民消费需求的扩大，离不开政策的支持和引导。政府可通过针对性的财税政策与金融政策来激发我国居民潜在的消费需求。财税政策与金融政策有其对立性，也有统一性。它们的统一性表现在：其一，它们都是中央政府宏观调控政策的主要内容，属于中央政府的可控因素，而不是不可控因素；其二，所谓"天下熙熙，皆为利来，天下攘攘，皆为利往"，在以资金增殖为目的的社会扩大再生产中，无论是收入还是收入分配，资金都是核心问题，财税金融都与资金密切相关。为此，本书将研究对象选定为扩大居民消费需求的财税政策与金融政策，具体来说，包括居民消费率、居民消费不足、财政与税收、货币与金融。

1. 居民消费率

居民消费率为居民消费支出占支出法国内生产总值的比重。居民消费支出的定义采纳国家统计局在中国统计年鉴上的定义，即常住住户在一定时期内对于货物和服务的全部最终消费支出。居民消费支出除了直接以货币形式购买的货物和服务的消费支出外，还包括以其他方式获得的货物和服务的消费支出，即所谓的虚拟消费支出。

2. 居民消费不足

居民消费不足是一个颇具争议性的名词。本书认为，居民消费不足这一问题可从两个方面来认识：其一，从居民消费倾向上来认识，微观上居民消费倾向的下降会造成宏观上居民消费率的下滑，这是由于居民消费意愿不足而导致的居民消费不足；其二，从居民收入水平上来认识，即使居民的消费意愿不下降，但居民的消费水平还要受到其消费能力的约束，即居民收入水平的约束，这是由于居民消费能力的不足而导致的居民消费不足。

3. 财政与税收

财政是以国家(或政府)为主体的收支活动，它是一国政府采取某种形式(实物、力役或价值形式)，以一部分社会产品与服务(即一部分国民收入)为分配对象，为满足国家实现其职能的需要而实施的分配行为。财政在其本质上体现着以国家为主体的分配关系，它具有公共性和利益集团性(或阶级性)两个基本属性[5]。

税收制度是指各种税的基本法规，包括已完成立法手续的各种税法和虽未完成立法手续，但起税法作用的各种税收条例。税收制度是国家向纳税单位和个人征税的法律依据和工作规程，规定国家和纳税人之间的征税关系。一国税制通常是由多个税种组成的，而每一个税种的设置都离不开三方面的内容，即对什么征税、征多少税以及由谁缴纳[5]。因此，税制有三个基本要素，即纳税人、征税对象和税率。纳税人也称课税主体，是指税法规定的直接负有纳税义务的单位和个人，即税款的缴纳者；征税对象是指课税客体，即对什么征税，它规定了征税的范围；税率是指税额与征税对象数额或税基之间的比例。在税基一定的条件下，税负的大小与政府课税的程度就体现在税率上。

财税政策是指政府通过增减政府开支、改变财政支出结构或者调整税收政策的手段来达到特定的经济目的或社会目的。西方经济学教科书中常常谈到的是财政政策，本书之所以提出财税政策，一方面与我国财政与税收分设管理部门有关，另一方面也是为了突出税收政策的重要性。财税政策的实施主体是财政部与国家税务总局。

4. 货币与金融

货币在现代市场经济中起着根本性作用，但对货币下定义是一件很棘手的事情。为了实际的目的，经济学家们根据不同的资产满足货币的主要职能——交换中介、价值尺度、价值储藏手段——给出了各种不同货币的定义和"类货币"的分类。流通中现金与各银行保存在中央银行里的现金储备，被称为高能货币(Mh)。相应地，根据流动性标准，有流通中现金 M0、狭义货币 M1、广义货币 M2 等的划分。

"金"指资金，"融"指融通，"金融"是社会资金融通的总称。资金主要以货币形式存在，而银行则是资金融通的主渠道。如果把金融体系比做人体的循环系统，那么，货币就是血液，银行就是主动脉[6]。

货币政策是指中央银行为实现特定的经济目标而采用的各种控制和调节货币、信用及利率等变量的方针和措施的总称。一个完整的货币政策体系包括货币政策目标体系、货币政策工具体系和货币政策操作程序三大部分。这一体系不但全面反映了中央银行货币政策体系的总体框架和精神实质，同时还带有经济发展与制度演进的历史印记[6]。

本书认为，金融政策的概念范畴宽于货币政策，它不仅包括货币政策，还包括推动金融业发展的产业政策以及规范其发展的金融监管政策。金融政策的实施主体是一行三会，即中国人民银行、中国证监会、中国银监会、中国保监会。

1.4　研究视角、方法与思路

1.4.1　研究视角

1. 消费与收入相互影响的研究视角

如果把收入看做是外生决定的随机变量，不受消费者控制，那么这就是局部均衡框架；

如果考虑到消费与收入是相互影响的，消费和收入相互决定并达到均衡，那么这就是一般均衡框架。消费与收入是相互影响的，一个人的消费来自于其所取得的收入，来自于其他人消费他直接或间接所提供的商品与服务，从而将一个人的消费最终转化为其他人的收入，所以，研究消费离不开研究收入。解决了收入问题、收入分配问题，也就解决了消费问题；解决了消费问题，则收入问题也将迎刃而解。

2. 财税视角

财政与税收政策通过改变政府、企业与居民之间的收入分配关系可以降低或增加居民收入，通过调整财政支出和税收政策等收入再分配方式，可以改变居民间收入分配关系或收入差距乃至收入预期，两者都会影响居民的消费，而出口退税这种税收关系到中国消费者与其他国家消费者的收入分配，从而也影响居民消费。像土地出让金看似纯而又纯的财税问题，其实也与居民消费紧密相关。因为，近年来房价上涨偏快，成为阻碍居民消费的一个重要因素。所以，对居民消费需求的研究离不开对财税政策的研究。通过财税政策调整，可以提高居民的收入，减少居民未来收入或支出的不确定性以及缩小居民间的收入分配差距。

3. 金融视角

现代市场经济是一个高度资本化的经济，考察居民消费需求也离不开金融。金融一方面连接产品与服务的提供者——企业，另一方面连接产品与服务的消费者——居民；金融一方面连接资金提供者(净提供者为居民)的利息收入、分红收入，另一方面又连接资金需求者(净需求者为企业)的融资成本。居民的消费能力、劳动报酬与财产性收入都与金融市场、金融工具密不可分。企业竞争力的重要决定因素，如融资成本，离不开货币供给的松紧，离不开金融市场的发展。通过适当地完善金融政策可以提高居民的收入，缓解中低收入阶层的流动性约束，降低收入不确定与大额刚性支出对居民消费的负面影响以及改善居民间的收入分配。

1.4.2 研究方法

本书采用的研究方法主要有文献研究法、数理分析法和经济计量分析法三种。

1. 文献研究法

文献研究是指搜集、鉴别、整理文献，文献研究法是通过对文献的研究形成一种科学认识的方法。本书从五个方面进行了文献研究，包括主流消费理论、后凯恩斯主义的消费理论、我国居民消费不足的原因、扩大居民消费需求的财税政策和金融政策。本书所用文献的主要种类有期刊论文、电子文献和公开出版的图书。占据本书所用文献种类首位的期刊论文主要来自 CNKI(中国知网)系列数据库和 JSTOR 数据库，电子文献主要来自中国人民银行、招商银行等政府部门与金融机构的官方网站。本书所用文献主要以一次文献为主，二次文献为辅。文献研究不仅为本书对制约我国居民消费的财税金融因素与相关实证研究的推进奠定了良好基础，也在充分肯定相关学者的研究成果和贡献的基础上，为本书提出不同的政策建议并进行相关理论论证创造了良好条件。

2. 数理分析法

数理分析法是指在经济学分析过程中，运用数学符号和数学算式的推导来研究和表示经济过程和现象的研究方法。本书在数据处理中大量应用了包括方程、均衡、无差异曲线、供求曲线在内的数学和图形工具，也使用了相关系数的显著性检验、环比增长速度的几何法求解等数理统计工具。

3. 经济计量分析法

经济计量分析法是指运用统计推论方法对经济变量之间的关系做出数值估计的一种数量分析方法。本书计量分析的相关原始数据来自各期的中国统计年鉴，主要应用的数据类型是年度的时间序列数据。本书所采用的计量模型为一元线性回归模型、多元线性回归模型以及自回归模型，计量模型分析所用的主要估计方法为最小二乘估计法(OLS)。

1.4.3　研究思路与结构安排

本书遵循了"提出问题—分析问题—解决问题"的研究思路。首先，本书提出了我国居民消费不足这一问题并研究这一问题的背景与意义；然后，试图在总结前人文献的基础上分析这一问题，具体包括对各类消费理论、居民消费不足的原因与财税金融政策的相关文献的搜集、鉴别与整理，对我国居民消费现状的分析，对制约我国居民消费需求的财税金融因素的研究；随之，根据分析问题部分的研究，提出并论证解决这一问题的财税政策与金融政策(即解决问题部分)。全书的技术路线图见图 1-2。

全书共分为 7 章，各章安排如下：

第 1 章为绪论，主要介绍本书的选题背景、研究意义，明确本书的研究对象和研究方法，确立本书的研究思路和技术路线，概述本书的内容安排。

第 2 章为相关文献述评，主要对各类消费理论和国内对消费不足问题的研究进行了文献回顾和述评。首先，对采用代表性消费者的主流消费理论和非主流的后凯恩斯主义者的消费理论进行了回顾；其次，回顾了我国居民消费不足的原因与扩大居民消费需求的财税金融政策的相关文献；最后，对所有文献进行了总结性述评。

第 3 章是对我国居民消费的现状分析，详细探讨了我国居民消费水平的变化、消费结构的变化和居民消费率的变化。本章发现：要扩大我国居民消费需求，必须提高居民的收入、弱化居民对住房和医疗保健的刚性需求以及缩小居民间的收入分配差距。

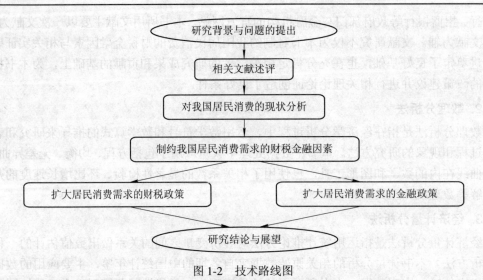

图 1-2　技术路线图

第 4 章研究了制约我国居民消费需求的财税金融因素。制约我国居民消费的财税因素包括：财政收入高速增长、税制结构不合理、行政管理支出占财政支出的比重偏高以及民生支出比重偏低；制约我国居民消费的金融因素包括：货币供给不足、股票市场的糟糕表现、商业银行监管标准的提高、消费信贷资产证券化仍未积极开展、人寿保险市场的规模偏小以及纯保障型保险产品实现的保费收入偏低。

第 5 章讨论了扩大居民消费需求的财税政策。首先，需要减缓财政收入的增长速度，包括整顿非税收入、以房产税代替土地出让金；其次，需要增加直接税所占税收收入比重、降低间接税所占税收收入比重，且减少的税收总量要大于增加的税收总量；最后，调整财政支出结构，具体包括控制行政管理支出、减少生产建设方面的财政支出、增加并优化民生方面的财政支出和取消出口退税。

第 6 章研究了扩大居民消费需求的金融政策。具体包括适度放松货币供给、为什么要在货币充裕的条件下积极开展利率市场化、如何发挥股票市场在提高居民收入上的作用、如何建立扩大消费信贷的长效机制以及如何发挥人寿保险市场在降低居民支出不确定性上的作用等内容。

第 7 章是结论与展望。本章总结全书的主要研究结论，归纳本书主要的创新之处，并根据本书所做工作，分析其研究局限和不足并对未来的研究进行适当的展望。

第 2 章　相关文献述评

如何在消费与储蓄之间分配收入是个人或家庭所作的重要经济决策之一，就整个经济而言，个人或家庭的消费和储蓄决策的累积效应对经济增长率、贸易收支以及产量和就业水平都有重要影响。基于此，研究代表性消费者的主流消费理论主要围绕收入来展开。非主流的后凯恩斯主义者对消费的研究则涉及到了收入分配。国内对消费的研究有一个持续十余年的热点和难点，那就是居民消费不足的原因与对策。为此，本章重点回顾了消费理论的发展、居民消费不足的原因和扩大居民消费需求的财税政策与金融政策，最后本章给出了对已有研究的述评。

2.1　主流消费理论的发展

主流消费理论的发展总体上遵循这样一个逻辑主线：由现期的收入消费关系扩展到跨期的收入消费关系，由受心理规律支配的消费者扩展到具有理性经济人特征的消费者，由确定性条件下的消费决策扩展到不确定性条件下的消费决策，由不注重流动性约束扩展到注重流动性约束。

2.1.1　绝对收入假说

1936 年，凯恩斯(John Maynard Keynes)在其名著《就业、利息和货币通论》中提出了边际消费倾向递减这一心理规律。凯恩斯本人是这样论述的[7]："不论从人类本性的知识来看，还是从经验的大量事实来看，我们持有很大的信心加以肯定的一个规律即基本心理规律。按此规律，一般地，平均来说，当人们收入增加时，消费也增加，但消费的增加不如收入的增加快。"建立在这一心理规律基础上的消费理论被称为绝对收入假说，该假说首次从宏观经济总量关系的层面上研究了消费与收入之间的关系。其数学表达式如下：

$$C = a + bY \qquad (2\text{-}1)$$

式中，C 为现期消费；a 为与收入无关的自发性消费；b 为边际消费倾向；Y 为现期可支配收入。在式(2-1)的基础上，容易推导出平均消费倾向 APC 的数学表达：

$$APC = \frac{C}{Y} = \frac{a}{Y} + b \tag{2-2}$$

由于 b 递减，Y 越高则 b 越小，由于 a 为常数，Y 越高 a/Y 也越小，因此平均消费倾向 APC 也随着收入 Y 的增加而减少。那么，将一部分收入从 APC 低的高收入阶层转移到 APC 高的低收入阶层，总的 APC 会增加。所以，绝对收入假说隐含着改善收入分配会扩大居民总体消费倾向的政策。凯恩斯在《就业、利息和货币通论》中指出[7]：“真正的救治之法在于，利用各种方法，例如收入的再分配或者其他方法来提高消费倾向，从而使得一个较小的现时投资量就可以维持一定的就业水平。”

2.1.2　相对收入假说

美国经济学家杜森贝里(J.S, Duesenberry)于 1949 年提出了相对收入假说。与绝对收入假说一样，相对收入假说也是从受心理规律支配的消费者出发来研究消费问题的。根据杨天宇(2009)[8]的总结，杜森贝里认为，凯恩斯的绝对收入假说有两个错误的假设：其一是每个人的消费独立于其他人的消费，即否认了消费者之间的相互影响；其二是消费者的行为在时间上是可逆的，即否认了消费者消费行为的不可逆性。由此，消费并不取决于现期绝对收入水平，而是取决于两种影响消费效应的综合影响：

第一，消费者之间存在“示范效应”。因为人在社会上要通过消费来维护自己的自尊和社会地位，而高收入者的消费水平往往被看做是较高社会地位的象征，因此他们的消费方式就成为其他人模仿的对象。这样，消费者的消费就不完全是基于自身的现期收入。

第二，消费者本身存在“棘轮效应”。因为，每个人都有历史形成的消费习惯，这种习惯的特点是不可逆性，即消费易于向上调整，而难于向下调整，即“由俭入奢易，由奢入俭难”。所以，暂时的收入减少不会改变人们的消费水平，人们宁可减少储蓄或者借债也要维持原有的消费水平。

2.1.3　生命周期假说

莫迪利安尼(Franco Modigliani)[9]等人建立了生命周期假说。该假说认为，消费者是智慧的理性主体，他是追求跨时预算约束下的效用最大化，而不是现期效用的最大化。当一个人年轻的时候，收入很低，所以经常举债；工作以后，收入在中年时达到高峰，他将偿付过去的欠债并为退休后的岁月储蓄；一旦退休，工作收入就降为零，他就要消费其过去积累的金融财富。所以，一个人在一个具体时期的消费取决于他对于其一生收入的预期，而不是取决于他当前时期的收入。相应的数学表达式如下：

$$C = c_1 Y_d + k_1 W \tag{2-3}$$

其中，C 为消费；Y_d 是可支配的劳动收入；W 是金融财富；c_1 为当前时期可支配劳动收入的边际消费倾向；k_1 为金融财富的边际消费倾向。可以预期 k_1 稍大于年利率，因为，如果在每一个时期仅消费利息收入，那么到死的时候他的金融财富就会原封不动，所以其消费来自金融财富的收入必须大于其从金融财富中获得的利息收入。

该假说的贡献在于，收入在人的一生不同时期将会有规律地波动，因此个人储蓄行为在很大程度上取决于所处的生命阶段。但实证研究发现，人们在其一生结束的时候并未消费其全部财富，而是将其作为遗产留给他们的孩子。

2.1.4　持久收入假说

持久收入假说的创始人是弗里德曼(Milton Friedman, 1957)[10]，他认为一个理性消费者不仅会根据其现期收入，而且会根据其一生的总收入来决定一生的总消费，这样才能达到长期效用的最大化。为此，弗里德曼引入了持久收入(Y_P)这一名词，它表示长期视界内家庭的预期平均收入，消费者是根据其持久收入而不是其现期收入来决定消费水平，当现期收入高于持久收入时，消费者将其储蓄起来，而当现期收入低于持久收入时，消费者往往会动用储蓄，或以较高的未来收入为依托借债。消费者的现期消费(C_t)是其持久收入(Y_P)的稳定函数，其数学表达式如下：

$$C_t = c(Y_P)_t \tag{2-4}$$

式中，c 为稳定的常数。弗里德曼还区分了三种典型的对收入的冲击，即暂时的现期冲击、持久冲击、预期的未来冲击。在暂时的现期冲击下，持久收入没有多大改变，所以消费也没有多大改变；在持久冲击下，消费的变动与持久收入的变动幅度大致相当；在预期的未来冲击下，尽管现在收入不变，但持久收入的下降，会引起消费的减少。

持久收入假说很有吸引力，但当消费者的收入发生变化时，他是如何知道这种变化是暂时的还是持久的呢？这就是预期。弗里德曼本人假定，未来收入的预期是通过一种叫做适用性预期的机制来完成的，即本期的持久收入预期(Y_P^e)等于上个时期的预期值(Y_{P-1}^e)和本期实际收入(Y)的加权平均值，用数学公式表示如下：

$$Y_P^e = \alpha Y_{P-1}^e + (1-\alpha)Y \tag{2-5}$$

2.1.5　随机游走假说

1978 年，霍尔(Hall R E.)把消费理论从确定性条件下推广到不确定性条件下，将理性预期与生命周期假说、持久收入假说结合起来，提出了随机游走假说，也被称为理性预期持久收入假说。用数学公式表示如下：

$$C_t = C_{t-1} + e_t \tag{2-6}$$

式中，C_t 为第 t 期的消费；C_{t-1} 为第 t_{-1} 期的消费；e_t 为随机误差项，且其均值为 0、方差相等、无自相关。徐索菲(2011)[11]对随机游走假说有很好的总结：在二次型的效用函数、利率和贴现率都为 0 的假设条件下，霍尔论证出，消费是随机游走的，未来消费(C_{t+1})只与现期消费(C_t)有关，而与以往的消费和收入(例如 C_{t-1})无关，当消费者预期未来收入上升时，现期消费的边际效用将大于未来消费的期望边际效用，因此个人会调整其现期消费，直至消费预测不再发生变化为止。由于消费者按照其终生资源进行跨时最优消费，因此消费的变动只与其预期终生资源的变化有关，而终生资源的变化是由收入变化引起的，如果收入变化不引起预期终生资源变化，则现期消费不会受到影响。

　　围绕随机游走假说有大量的实证经验研究，但这些研究大都发现随机游走假说的研究结论与经验研究不尽吻合。1981 年，弗莱文(Flavin)[12]发现，消费与滞后收入之间有显著的正相关性，与随机游走假说"未来消费只与现期消费有关，而与以往的消费和收入无关"相违背，这一现象被称为消费的过度敏感性(Excess Sensitivity)；1989 年，约翰和迪顿(Campell John and Angus Deaton)[13]发现，实际消费变化的标准差远小于随机游走假说所估计的标准差，消费对未预料到的收入变化的反应低于随机游走假说的预测，这一现象被称为消费的过度平滑性(Excess Smoothness)。这两者都对随机游走假说构成了挑战。

2.1.6　预防性储蓄假说

　　中国有句古训，叫"积谷防饥"，也就是积存今日多余的谷子以防未来可能的饥饿。预防性储蓄假说就是"积谷防饥"思想的经济学理论体现。1968 年，利兰德(Hayne E. Leland)[14]通过将不确定性因素引入消费效用函数的分析框架，在更一般意义上研究了消费者的跨时最优化消费与储蓄的选择行为。他发现，在引入了不确定性之后，个人就不能将终生财富资源平均分配于整个生命周期了，而是必须进行相应的储蓄，这部分储蓄就是预防性储蓄。他的模型为两时期模型，模型中作出如下假定：消费者是理性的、真实利率和时间贴现率均为 0，在不确定性所导致的绝对风险厌恶的约束条件下，他推导出：

$$E_1(C_2) > C_1 \tag{2-7}$$

这意味着，在不确定性存在的条件下，预期的未来消费($E(C_2)$)大于现期消费(C_1)。也就是说，面对未来的不确定性，消费者会选择减少现期消费，增加现期储蓄，这些多增加的储蓄就被称为预防性储蓄。

　　利兰德之后，西方学者对预防性储蓄进行了大量研究，但这些预防性储蓄模型的理论核心没有变，都是证明一个结论：不确定性和财富积累之间具有正相关性，不确定性越高，财富积累就越多。

2.1.7　流动性约束假说

　　基于理性预期和跨时最优化的消费理论都有一个隐含的假定，那就是：金融市场是完善的，消费者可以按储蓄利率或者 0 利率来借款。但实际上，消费者从银行和非银行金融机构的借款是受限制的，甚至不能借款。如果消费者不能从金融市场借款，那么他的消费的确可能只与其现期收入相关，现期收入的下降会导致消费的下降。如果消费者不能从金融市场借款，那么现期的消费就不能与其一生的财富相联系。

不少实证研究表明，流动约束确实束缚了部分家庭的消费，即使在金融市场高度发达的美国也不例外。弗米奥(Fumio Hayashi，1982)[15]的研究表明，流动性约束大约束缚了 20%的美国人口。在另一项研究中，弗米奥(Fumio Hayashi，1985)[16]发现，流动性约束使消费比起在生命周期基础上意愿达到的水平降低约 5.5%。

2.2　后凯恩斯主义的消费理论

除了凯恩斯的绝对收入假说隐含着收入分配会影响居民消费需求这一观点之外，主流消费理论中的其他理论都不直接涉及这一主题。而非主流的后凯恩斯主义的消费理论则蕴含着收入分配会影响居民消费需求的观点。

2.2.1　卡莱茨基的消费理论

卡莱茨基(Michal Kalecki，1971)[17]是从一个没有政府投资、租税征收以及对外贸易等因素的简单封闭经济模型开始分析的。这个经济体系包括两个阶级：工人和资本家。卡莱茨基还做出一个假定：工人的工资不储蓄，全部用于消费，资本家的消费支出则是其收入或现期利润的一个固定比例。在扩大再生产中，资本家不能把全部利润投入到消费，而是将其中的一部分积累起来，作为追加资本投入到再生产中，所以，资本家消费倾向要小于1。因此，将部分利润从资本家转移到工人那里，可以扩大居民消费并提高全社会的总体消费率。

2.2.2　温特劳布的消费理论

温特劳布(Sidney Weintraub，1983)[18]扩展了卡莱茨基的分析。温特劳布首先根据凯恩斯理论中的投资(I)等于储蓄(S)推导出以下公式：

$$Y = \frac{I(r)}{s} \tag{2-8}$$

其中，s 为平均储蓄倾向，Y 为国民收入，r 为利率。接着，温特劳布假定资本家的边际消费倾向低于工人，资本家的边际储蓄倾向高于工人，由于边际储蓄倾向与平均储蓄倾向的变化方向一致，为简化分析，温特劳布用平均储蓄倾向来表示工人和资本家的储蓄差别，于是，式(2-8)转化为：

$$Y = \frac{I(r)}{S_w \times \dfrac{W}{Y} + S_r \times \dfrac{R}{Y}}$$

(2-9)

其中，S_w 为工人的平均储蓄倾向；S_r 为资本家的平均储蓄倾向；W 是工人的工资总额；R 为资本家的利润总额；$Y = W + R$，为国民收入。

由假设可知，$S_r > S_w$，如果在工人和资本家之间进行收入再分配，即从利润总额中转移一部分到工资总额中，会引起全社会的平均储蓄倾向下降，全社会的平均消费倾向增加，国民收入 Y 提高。从而，全社会的消费率也会提高。

从式(2-9)中可以看出，卡莱茨基假定 $S_w = 0$，也会给出同样的结论，也就是说，卡莱茨基的消费理论成为温特劳布消费理论的一个特例。

2.3　我国居民消费需求不足的原因综述

以消费理论为基础，结合中国国情因素，学术界对我国居民消费需求不足的原因进行了多方位的探讨。择其要者，可分为七个方面：居民收入分配不均、居民收入不足、收入不确定与大额刚性支出、流动性约束、政府支出对居民消费的挤出效应、人口年龄结构上的原因和消费环境的制约。

2.3.1　居民收入分配不均

起初，大部分研究成果集中在全国居民收入不均对居民消费的影响方面。赵友宝、张越玲(2000)[19]分析了我国居民收入分配差距过大、政府对居民收入再分配乏力以及收入分配差距混乱三个方面对居民消费需求的抑制作用。袁志刚等(2002)[20]梳理了消费理论中收入分配对总消费需求的影响，并指出收入差距扩大是我国储蓄高居不下和消费不振的重要原因。朱国林等(2002)[21]构造了一个研究我国收入分配和总消费需求的理论框架，他们将我国居民收入从低到高分为四个层次，并从理论上证明：除了收入最低的第一个层次外，其他三个层次的平均储蓄倾向随收入水平呈现马鞍形状，而相应的平均消费倾向呈现倒 U 形，这是因为低收入者存在较高的预防性储蓄，高收入者有较高的遗赠储蓄，只有中等收入者储蓄倾向较低。

后来的研究逐步深化，学者们研究了城镇居民收入差距对城镇居民消费需求的影响、农村居民收入差距对农村居民消费需求的影响以及城乡收入差距对城乡消费差距的影响。臧旭恒等(2005)[22]利用城镇各等级收入阶层的数据构造基尼系数，并发现城镇收入差距的扩大将降低总消费需求。娄峰等(2009)[23]在绝对收入理论的基础上，引入了收入差距因素、消费惯性因素和物价因素，使用 1991—2005 年中国分省面板数据，实证分析了各因素对城镇居民消费需求的影响，并刻画了收入差距对城镇居民消费影响的动态变化轨迹。结果表明：城镇居民收入差距对城镇居民消费具有显著的负向影响。范金等(2006)[24]在江苏农村居民消费细化社会核算矩阵的基础上，通过 SAM 乘数的分解，从不同商品及服务消费和不同收入分组两方面对江苏农村居民消费净开放效应进行分析，并将账户乘数和固定价格乘数效应进行了比较分析，得出四点研究结论：第一，居住、食品、交通和通信是目前江苏农村居民的消费热点，而教育文化娱乐、衣着和医疗保健消费的重视程度不足；第二，除最高收入户外，江苏各收入阶层对家庭设备及服务具有较大的消费欲望，消费潜力巨大；第三，中低收入及以下收入阶层对医疗保健和教育文化娱乐的消费欲望非常强烈，政府应该在相关福利政策上给予一定支持，以促进这两类消费的良性发展；最后，为继续保持江苏农村居民交通、通信消费的发展，政府仍然有必要加强农村交通、通信的基础设施建设，从而改变居民消费行为。同时，基础设施的完善，九年义务教育的实质性关注，医保的完善都是扩大农村内需的重要基础。曾国安等(2008)[25]对 20 世纪 70 年代以来城乡居民之间的收入差距和消费水平差距进行了统计分析，他们认为：要扩大居民消费就必须采取措施遏制城乡居民收入差距扩大的势头，使农村居民收入获得更快的增长。

2.3.2 居民收入不足

李军(2003)[26]以凯恩斯的绝对收入假说为基础，将居民分为低平均消费倾向的高收入群体和高平均消费倾向的低收入群体，用简单的代数式严格证明了收入差距的扩大起到降低消费需求水平的负向作用，增加低收入者的收入具有相对高的增加消费的效应，居民总收入水平的提高对消费需求有正向的效应。若要保持消费水平不变，当居民收入差距扩大时，需要通过提高居民的总量收入来抑制消费需求的下降；当居民收入差距缩小时，可以通过降低居民的总量收入来抑制消费需求的上升。根据上述理论模型，李军运用中国城镇居民数据进行了实证分析，结果发现：收入差距尚不是构成消费不足的主要原因，因此要扩大消费，需要提高总收入水平与改善收入分布结构并举。

张颖熙等(2007)[27]通过对 1979—2005 年的相关数据进行回归分析表明，我国 1998 年以来积极实施的财政政策导致资产价值的不断膨胀和相对价格的失衡，使工资在总资产中的比重不断下降，这是导致近年来国内消费需求难以启动的主要原因。

方福前(2009)[28]运用 1995—2005 年分省市的城乡面板数据建立随机效应模型，通过模型对中国城乡居民消费需求的影响因素分别进行计量，结果发现：中国居民人均可支配收入与人均消费支出高度相关，且在这 11 年里中国城乡居民消费函数相对稳定。在这个发现的基础上，进一步运用 1992—2004 年中国的资金流量表(实物交易)数据，解释了 1997—1998 年以来中国居民消费需求持续低迷的原因之一是：在国民收入分配和再分配过程中，政府在总收入和可支配收入中占有的份额越来越多，而居民占有的份额不断下降，这导致了居民消费能力的不足。

刘社建、李振明(2010)[29]发现，虽然改革开放以来劳动者报酬份额也经历了一个上升的过程，但是自 1995 年以来劳动者报酬份额持续下降。1995 年劳动者报酬在国内生产总值中的比重尚达到 51.44%，而到了 2007 年仅为 39.74%，与之相应的是营业盈余在国内生产总值中的比重自 1995 年的 20%以下上升至 2007 年的 31.29%。城乡居民储蓄存款在各项存款中的比重自 1999 年的 54.81%下降到 2007 年的 44.31%，同期企业储蓄和政府储蓄都有大幅度的提高。所以，劳动者报酬份额持续走低是消费需求难以有效增长的根本原因，通过有效转变经济发展方式与深入推进收入分配体制改革等措施努力提升劳动者报酬份额，是扩大消费需求、拉动经济发展的根本途径所在。

2.3.3　收入不确定与大额刚性支出

由于社会保障体系不健全和经济转型带来的不确定性，中国居民收入确实存在相当的不确定性。而居民收入的不确定性会大大影响居民的储蓄倾向。宋铮(1999)[30]认为，预防性储蓄假说可以很好地解释中国居民的储蓄行为，未来收入的不确定是中国居民进行储蓄的主要原因。因此，旨在启动居民消费需求的政策应着眼于降低中国居民未来收入的不确定程度。降低不确定程度不仅可以直接减少居民的预防性储蓄，启动中国居民的消费需求以确保中国经济的快速增长，而且还可以通过利率下调来刺激消费，改善运用货币政策调控宏观经济运行的效果。

除了收入的不确定，不少经济学者认识到：中国居民面临住房、教育、医疗、养老等方面的大额刚性支出，也相应存在支出的不确定。不管是收入的不确定还是支出的不确定或是两者兼而有之，都会导致居民的预防性储蓄。龙志和、周浩明(2000)[31]对中国城镇居民的预防性储蓄动机进行实证研究，发现我国城镇居民存在显著的预防性储蓄动机。他们将其归结为历史性制度因素所导致的居民未来支出的不确定性增加。20 世纪 90 年代前，我国的消费市场实际上分为两个部分：商品性消费市场和非商品性消费品配额市场，这两个"市场"是完全分离的。城镇居民的可支配货币收入主要用于商品性支出(食品、日用品、文化消费等)，而非商品性支出(住房、医疗、交通、教育等)则由政府直接或通过居民所在单位提供，只在居民货币支出中象征性体现一部分，城镇居民退休金等社会保障与社会消费支出长期由政府或单位承担。20 世纪 90 年代后，两类消费"市场"的分离逐渐被打破，居民货币收入不再仅仅用于商品性支出，还要顾及住房、医疗、教育等非商品性支出，居民未来支出的不确定性显著增加。

罗楚亮(2004)[32]利用中国社会科学院经济研究所收入分配课题组 1995 年、1999 年及 2002 年的城镇住户调查数据，把不确定性变量引入消费函数中，发现收入与支出的不确定性对消费造成的负面影响是很严重的，同时也发现，只要相关的收入下降或支出增长因素被居民所预期，那么它们对消费所产生的负面影响相对而言要小得多，甚至可能会没有显著影响。基于此，罗楚亮提出：一是应增强有关政策的可预见性，这样可以在一定程度上降低相关因素对居民福利所产生的不利影响；二是应增强社会保障能力，当居民面临收入与支出的非预期变化时，如果存在借贷市场或社会保障等风险分散机制，居民可以通过类似的渠道在一定程度上化解其所面临的不确定性，而无须降低消费水平。

李通屏、王金营(2007)[33]认为，农村家庭存在着在子女教育等方面的人力资本投资过度的现象，其后果是人为地放大了农村居民的支出预期，增加了农村居民的心理不确定性，不利于农村居民消费的扩大。杭斌、郭香俊(2009)[34]利用 1997—2007 年我国 26 个省市的城镇住户调查数据进行实证研究，结果表明：习惯形成和收入不确定都是导致中国城镇居民高储蓄现象的重要原因。

2.3.4　流动性约束

不能借入而又缺乏金融财富存量的家庭就是"流动性受约束"的家庭，因为他们所能作的最大消费就是当期所挣得的收入。所以，从扩大居民收入或降低借贷利率上缓解流动性约束可以扩大居民消费需求。刘建国(1999)[35]认为，我国农户消费倾向偏低有两个重要原因：其一是由于农业的市场风险和气候因素引起的不确定性所导致的农户收入的不稳定性；其二是农户面临流动性约束，而这是由于农户收入的不稳定性加大了农村信贷的风险，影响了农村信贷的供给。与刘建国的研究思路相似，万广华、张茵与牛建高(2001)[36]运用中国 1961—1998 年间数据，通过测试霍尔(Hall R E.)的消费函数及其扩展模型，分析了流动性约束与不确定性在中国居民消费行为演变中所起的作用。他们的实证研究表明，中国居民的收入分配差距的拉大，使得受流动性约束的居民比重增加，改革以后，流动性约束对居民消费行为的影响增加了一倍以上，而不确定性因素则成为决定消费变化的另一因素。同时，消费者的异质性以及流动性约束与不确定性因素之间的相互作用进一步加剧了流动性约束与不确定性对居民消费的影响，导致了现期消费水平与预期消费增长率的下降。

潘彬、徐选华(2009)[37]的实证研究表明，当经济景气指标低于某一阈值时，由于居民的借贷行为受到资金流动性约束限制，他们只能根据当期收入的高低来决定其消费。部分学者从长期来考虑，由于消费信贷在未来终究要偿还，因而总体上说，消费信贷不能促进居民消费需求的扩大，流动性约束不会制约消费。例如，王东京、李莉(2004)[38]认为，消费信贷既不能拉动长期需求，也不能拉动短期需求。刺激消费不能依赖消费信贷，而要依赖不断提高城乡居民收入。

2.3.5　政府支出对居民消费的挤出效应

国内学者对政府支出对居民消费的效应研究起初总体上分析居多，近年来的文献从总体和结构两方面来分析，但结论不尽一致。刘溶沧、马拴友(2002)[39]认为，中国政府支出与社会总需求间存在正相关关系，政府支出的增加对拉动内需有积极作用。胡书东(2002)[40]认为，以加快基础设施建设为重点的积极财政政策与私人消费存在互补关系，对民间消费能够起到拉动作用。申琳、马丹(2007)[41]对 1978—2005 年期间中国政府支出和居民消费数据进行分析后认为，中国人均政府支出增加通过消费倾斜渠道促使人均居民消费上升，而通过资源撤出渠道则导致人均居民消费下降。综合来看，中国人均政府支出增加通过两种渠道最终导致人均消费下降。也就是说，中国人均政府支出与人均居民消费之间存在长期替代关系。

张治觉、吴定玉(2007)[42]利用可变参数模型对我国 1978—2004 年的相关数据进行了动态分析，结果表明：从总体上分析，大多数年份政府支出对居民消费产生引致效应；从结构上分析，政府投资性支出对农村居民消费和城镇居民消费产生了挤出效应；从 1998 年开始，政府消费性支出对农村居民消费和城镇居民消费产生了引致效应；政府转移性支出在大多数年份对农村居民消费和城镇居民消费产生了引致效应。

李树培、白战伟(2009)[43]通过建立时变参数模型发现，改革开放三十年来，我国政府支出对居民消费一直都存在促进效应，但影响水平却经历了一个倒 V 形的变化；对城市居民消费的促进效应强于对农村消费的促进效应，且两者之间的差距还在不断扩大。用于基本建设方面的财政支出对居民消费有一定的促进效应，政府行政与事业经费支出对消费具有挤出效应，而用于改善民生的支出对消费一直都保持较高的促进效应。

陈娟、林龙与叶阿忠(2008)[44]等研究了政府支出对不同消费群体的影响程度，陈娟等认为，政府支出虽然对消费具有挤出效应，但对不同的消费群体影响程度不同。楚尔鸣、鲁旭(2008)[45]构建了一个政府支出与居民消费跨期替代模型，分析了 1990—2005 年 27 个省(市、自治区)的相关数据。其结论是：我国地方政府支出与居民消费呈现出替代效应，但这种效应比较弱。

2.3.6　人口年龄结构上的原因

人口是经济发展过程中重要的生产者和消费者，人口的规模、年龄、性别等结构对消费和经济增长有重大影响，所以人口年龄结构对我国居民消费的影响也构成了学术界的一个研究方向。袁志刚、宋铮(2000)[46]建立了一个两期迭代模型，考察了在一定的养老保险制度中，人口年龄结构的变动对于个人最优储蓄率(反过来就是消费率)的影响，得出以下结论：第一，只要消费跨期替代弹性处于经验研究的估计范围以内，那么个人最优储蓄率就将与未来劳动力数量负相关，计划生育恰好使未来的劳动力数量减少，所以人口年龄结构的变化是造成中国城镇居民消费行为变异的重要原因；第二，中国目前的储蓄率并不是社会最优储蓄率的体现，降低储蓄率很可能成为一个帕累托改进，而加大对教育和 R&D

的投入不仅可以直接拉动投资需求，还可以通过技术进步来降低个人最优储蓄率，促进市场的出清，提高资源的利用效率。

李文星、徐长生、艾春荣(2008)[47]考察了中国的儿童抚养系数和老年抚养系数的变化对居民消费的影响，发现中国儿童抚养系数的下降反而提高了居民消费率，而中国老年抚养系数变化对居民消费的影响并不显著。因此，中国人口年龄结构变化并不是中国目前居民消费率过低的原因。康建英(2009)[48]将人口年龄结构因素引入消费函数，发现：处于 35～55 岁之间的人储蓄能力最强，该年龄段的人口占总人口数的比重越大，对居民消费总量的抑制作用越明显。由此，康建英提出，在目前低出生率和人口老龄化加剧的状态下，应进一步调整人口结构与消费结构的关系，刺激消费、扩大内需。

2.3.7　消费环境的制约

消费环境对居民消费的制约，在农村与城市有不同的表现。在城市，由于假冒伪劣、违规添加、使用劣质材料等产品质量问题导致人们尽量少消费相关产品。例如，牛奶、火腿与白酒就先后出过重大质量问题。这些质量问题可能与中国当前诚信文化的缺乏、工商等部门对流通领域和生产领域监管不到位有关，但无疑会制约居民消费需求。除了面对产品质量问题以外，在农村，由于能源、交通、通信、供水供电等基础设施的落后，导致农村居民对相关产品与服务的需求不能实现，例如，空调等大功率电器需要相应的供电设施到位，洗衣机需要供水设施到位，宽带需要通信设施到位，家用轿车、农用车需要公路四通八达。

王新利、吕火花(2006)[49]通过对农村流通体系的分析认为，制约农村消费的原因主要是流通体系不健全，包括农村流通网络残缺不全、农村市场不规范、农村物流处于萌芽状态和农村流通环境不良。所以，只有解决农村流通体系存在的问题才能改变农民的消费方式，从而提高农民的福利。郝爱民(2009)[50]通过建立农户消费需求模型和计量分析认为，农村消费环境对农户消费意愿有重要影响，而衡量一个地区消费环境好坏的一个重要标志就是公共产品的供给。屈韬(2009)[51]认为，由于对未来支出存在悲观预期，农民更注重将持久性收入列入储蓄计划，而将利息收入、外出务工收入等额外的暂时性收入用于改善生活。农业投入不足是农村消费市场疲软的最根本原因。因此，启动内需关键在于改善农村消费环境、拓宽就业渠道、减轻农民负担。

2.4　扩大居民消费需求的财税政策综述

既有的以财税政策来扩大居民消费需求的相关文献主要围绕我国居民消费需求不足的原因来展开。大部分研究成果的研究思路是，通过对相关财税政策的调整来达到居民收入提高、居民未来收入或支出的不确定性减少以及收入分配差距缩小的目的,从而扩大居民消费需求。

张治觉、吴定玉(2007)[42]认为,目前政府支出对农村居民消费的拉动较少,但农村是一个很大的市场,政府将财政支出更多地投向农村,无疑对增加农民收入、培育更加成熟的农村消费环境、启动农村消费市场产生重要作用。李树培、白战伟(2009)[43]认为,要扩大居民消费,应当扩大用于改善民生的支出,缩减行政部门经费支出规模,控制政府经济建设的范围和领域,加大财政支农的力度。

岳树民(2009)[52]从两个角度提出了扩大居民消费需求的财税政策。其一是增强居民消费能力的财税政策,包括着力解决中小企业融资难问题、推动中小企业创新活动、进一步降低个体工商户的货物与劳务税收的税负、适当提高城乡居民的保障性收入、适当增加居民的工资性收入和财产性收入以及农民的经营性收入;其二是提升居民消费意愿的财税政策,包括增加财政支出中用于保证民生的支出、运用财税政策激励居民消费欲望的形成。

郑幼锋(2009)[53]研究了促进消费的税收政策,提出了减税、退税和增税并举的总体思路。首先是减税,通过减税降低宏观税负,增加居民收入。在减税的具体结构上,从税基看,应该降低以消费为税基的税种的税率;从税负的人群分布来看,应该减少低收入者的税负。其次是退税,在中国,还没有真正实行对个人所得税的退税机制,这主要是因为中国的个人所得税实行分类制,在此基础上实行个人所得税的退税较为困难。但是,由于中国农村尚未征收个人所得税,故可以考虑在农村对农民实行个人所得税的退税,以达到增加农村居民消费的效果。中期来看,中国政府有大量的土地等资源性收入和国有资本收入,可以为减税、退税提供支持。最后是增税,通过增加有利于消费的税种的税收(如所得税和财产税),可以在维持总体税收收入不变的前提下促进消费率的提高。

王春雷(2010)[54]从四个角度提出扩大居民消费的税收政策建议:第一是在国民收入初次分配中提高劳动者报酬的比重,在再分配领域增加中低收入阶层的收入;第二是实施调节经济结构的税收政策,促进居民消费;第三是实施缩小收入差距的税收政策;第四是完善就业税收优惠政策,适时开征社会保障税。杨卫华与叶杏娟(2010)[55]强调要实行更加积极的就业政策,就业是收入之源,民生之本,社会稳定之基。张红(2007)[56]提出了将社会保障资金的五个险种变更为社会保障税的思路,通过社会保障税的实施来降低居民未来支出的不确定性,减少居民预防性储蓄,从而扩大居民消费需求。马海涛、和立道(2011)[57]提出,通过"一减三增"的经济良性循环来实现以增加消费来促进经济增长的目的,即以适当降低或减抵免企业的增值税、营业税等流转税为源头,由此通过增加居民消费来促进"三增",即经济增长、企业部门税收增加、居民部门税收增加的经济良性循环发展。

洪源与肖海翔(2009)[58]结合不同的收入人群分析了扩大居民消费需求的税收政策,他们认为,在我国居民收入分配失衡的背景下,应采取差别化的税收政策措施来刺激不同收入人群的消费需求有效增长。具体地说，对城镇低收入人群，关键是要提高消费能力；对城镇中等收入人群，关键是要优化消费预期；对城镇高收入人群，关键是要增强消费意愿；对农村居民，关键是要在提高消费能力的同时改善消费环境。

姚稼强(2010)[59]强调了两个观点：第一，适度调整出口退税政策规定，提高纺织、机电等产品的出口退税税率，避免出口企业减产裁员；第二，制定扶持"三农"的税收优惠政策，增加农民收入，将农民购买的农用生产资料中所含的增值税返还给农民，明确失地农民进城务工可比照城镇下岗职工享受税收优惠待遇。

最后，多位学者都提出了以下政策措施：取消对股息红利征收的个人所得税，降低个体工商户和个人独资企业合伙企业适用的个人所得税税率，提高独立提供劳务人员的劳务报酬、稿酬等收入的税前扣除标准。

2.5　扩大居民消费需求的金融政策综述

既有的以金融政策来扩大居民消费需求的相关文献是主要围绕我国居民消费需求不足的原因来展开的。主要的研究思路是：通过适当的金融政策来提高居民的收入，缓解中低收入阶层的流动性约束，降低收入不确定与大额刚性支出对居民消费的负面影响以及改善居民间的收入分配。

在通过适当的金融政策来提高居民的收入方面，长期以来，中国居民储蓄存款的实际利率较低，在为经济建设贡献廉价金融资源的同时也降低了居民的财产性收入，这也是当今进行利率市场化的一个重要原因。另一些学者注意到了股票市场对居民收入及消费的重大影响。首先，股票市场的上涨会产生巨大的财富效应，从而刺激消费支出增长，刘潇(2010)[60]认为，中国股票市场的财富效应已经开始发挥作用，但这种作用还很微弱。其次，股票市场在"储蓄转化为投资"方面的重要地位也被众多学者一再提出，苏宁华(2000)[61]认为，中国经济环境的变化，使得在储蓄—投资过程中，资本市场将成为主导，只有充分培育资本市场，才能提高社会总体需求水平。最后，股票市场是经济发展的晴雨表，它会通过影响消费者对未来经济形势和自身未来收入的预期来影响居民消费，Christina D. Romer(1990)[62]的研究指出了这一点。

在通过适当的金融政策来缓解中低收入阶层的流动性约束方面，一些学者认为应进行金融市场化、金融自由化。由于中国存在的金融抑制，必然会导致需求抑制型的信贷配给，从而使流动性约束的负面效果更严重。叶耀明与王胜(2007)[63]认为，金融市场化通过各种渠道降低了消费者面临的流动性约束，释放了消费者需求。从国际比较上看，金融市场化还能进一步释放消费需求。从地区比较上看，金融市场化减少消费者面临的流动性约束的作用在经济相对发达的东部和中部地区更为显著。

另有学者认为，应大力发展消费信贷。例如，萨威格(F.Zweig)[64]专门研究了消费信贷对消费需求的影响，结果发现，在短期内消费信贷可以扩大国内需求。他同时指出："消费信用的最大功用在于普及高贵消费于一般平民，以提高消费之标准。其次的功用在于提高人民之购买力。"霍曲莱(R.V.Hawtrey)指出[65]：银行信用增加会导致消费需求在内的总需求相应增加。在消费信贷与消费需求的实证研究方面，大部分研究证实消费信贷的增长与未来消费增长之间具有正相关性。Stephen P.Zeldes(1989)[66]和 Sydney Ludvigson(1999)[67]先后利用美国经济数据发现，可预测消费信贷的增长有助于预测消费增长。易宪容、黄瑜琴、李薇(2004)[68]，蔡浩仪、徐忠(2005)[69]，张涛、龚六堂、卜永祥(2006)[70]都直接把消费信贷作为扩大内需、促进经济增长的重要手段。还有学者研究了我国消费信贷发展不足的原因。楚尔鸣(2009)[71]认为，流动性约束是消费信贷压抑消费需求的内在原因，信用环境恶化加剧信息不对称是消费需求难以扩大的外在原因。银行为降低金融风险不得不设置复杂的消费信贷条件，贷款利率过高，贷款范围狭窄，从而在很大程度上限制了消费信贷的发展，制约了部分居民的即期消费。

在通过适当的金融政策降低收入不确定与大额刚性支出对居民消费的负面影响方面，学者们认识到了我国居民的预防性储蓄过大导致不敢消费的问题，除了增加社会保障方面的财政支出外，还要通过金融市场化的发展来弱化我国居民的预防性储蓄，为居民提供商业性保险，释放居民的消费潜力。李云雀提出，保险经济学的原理就是以小额确定保费来平滑未来不确定损失，从而可以为居民未来消费提供长期、稳定的保障。应通过发展保险机构特别是商业性社会保障的保险机构，来化解居民未来的不确定性风险，减少国家在提供社会保障体系方面面临的财政压力。

在通过适当的金融政策改善居民间的收入分配方面，江春等(2011)[72]对其理论进展进行了较好的总结，主要有六种观点。第一，发展小额信贷。小额信贷的创新在于以现金流为基础。在以资产为基础的传统借贷中，贷款额度与担保物的价值相关，而在以现金流为基础的小额信贷中，贷款额度以借款者借款周期中预期经营可得到的现金流为基础。这一方式能够使那些收入水平较低，没有什么实物资产或很少实物资产，但有良好经营观念及可靠的未来现金流的借款者得到银行的信贷支持。第二，利率市场化。对力求摆脱贫困的低收入者而言，金融服务的可持续性获得比金融服务的价格更重要，通过利率市场化来破解僵化的利率机制实际上对低收入者是有利的。第三，建立"普惠金融"体系。金融发展应该通过降低金融服务的准入门槛来创造平等的经济机会，这样有利于人们凭借才能而不是父母的财富或关系获得融资机会，从而帮助那些缺乏财富，但有才智并愿意付出努力的人去创造财富。第四，取消金融管制。由于低收入者缺乏抵押品，而且相对于银行贷款的固定成本来说，低收入者因收入水平低而面临不利的融资条件，在这种情况下，加强金融管制实际上进一步限制了低收入者的融资机会，这会导致收入分配差距的扩大。第五，通过对中小企业和具有企业家精神的人提供相关的金融服务来改善收入分配。中小企业既是一个国家潜在活力的表现，也是提高中低收入群体收入水平的重要组织，改善中小企业的金融服务有利于缩小居民间的收入分配差距。第六，通过帮助低收入者进行人力资本的积累来改善收入分配。金融发展可以为低收入者家庭的孩子提供贷款，以帮助其接受教育，从而使其能够掌握知识并由此发展其个人的就业技能。

2.6　对已有研究的评述

主流消费理论的发展过程昭示了收入是影响居民消费的首要因素。收入的变化、收入变化是否被预期到、收入变化是否是确定的、收入是否可依照一定利率自由地转换到不同时期等问题构成了主流消费理论研究的焦点。后凯恩斯主义的消费理论指出：收入分配是影响居民消费的重要因素。一旦假定不同收入层次的消费者的平均消费倾向不同，那么缩小收入分配差距就会提高总体的居民消费。所以，消费理论的发展过程隐含着如下政策：扩大居民消费需求的政策，必须要围绕提高居民收入、减少居民收入的不确定性、提高居民收入的自由转换程度(即降低流动性约束)以及缩小居民间的收入分配差距来展开。

在关于我国居民消费需求不足的原因研究中，学术界提出了七个方面的原因假说。这些原因假说，既有基于消费理论提出来的，诸如居民收入分配、居民收入不足，也有基于中国国情提出来的，诸如大额刚性支出、人口年龄结构、消费环境的制约。这不仅加深了我们对该问题的理解，也十分有利于我们进行下一步分析。就本书的主题而言，我们最关心的是居民消费不足的财税金融因素在哪里，例如，究竟是何种财税金融政策导致了居民收入的不足，是政策缺位还是政策的力度不到位。所以，需要在学术界七个方面的原因假说的基础上，进一步研究制约我国居民消费的财税金融因素。同时，在研究制约我国居民消费的财税金融因素之前，也有必要研究我国居民消费的现状，包括我国居民的消费水平、消费结构和消费率的变化，以使扩大居民消费需求的财税金融政策更有针对性。

在扩大居民消费需求的财税政策研究中，学术界大都在财税视角范围内研究财税政策，没有跳出缩减政府开支、调整财政支出结构、降低居民税负、调节居民收入分配这个大的范畴。财税本质上是居民支付政府履行其职能的成本问题，但如何支付不仅是财政问题，也是金融问题。因为财税也涉及了现金流入流出的期限、现金流的金额大小、货币的价值等金融问题，完全可以从金融视角来审视扩大居民消费需求的财税政策。从金融视角审视财税政策，可以在税收总价值不变的前提下，通过现金流的期限转换、金额大小转换，为政府与居民都创造价值，同时为经济发展创造价值。

在扩大居民消费需求的金融政策研究中，学术界强调了通过适当的金融政策来提高居民的收入、缓解中低收入阶层的流动性约束、降低收入不确定与大额刚性支出对居民消费的负面影响以及改善居民间的收入分配。具体来说，通过发展多层次金融机构尤其是小微金融机构、推进利率市场化、建设多层次的资本市场和灵活的金融调控体系等改革措施来破除金融抑制；通过改善信用环境、加快金融创新、大力发展消费信贷来缓解流动性约束；通过股票市场等金融市场的发展来实现资本市场的财富效应；通过发展小额信贷、建立"普惠金融"体系、增加对中小企业的金融服务以及为低收入者子女提供教育贷款等方式来改善收入分配。但是这些研究都没有考虑到货币供给问题，大家都是把充裕的货币供给作为模型的既定前提来展开研究，一旦没有充裕的货币供给，有些研究结论就站不住脚。例如利率市场化一定会促进经济增长，提高居民收入。还有，如果没有充裕的货币供给，股票市场的财富效应就为负；如果没有充裕的货币供给，消费信贷的总量就会被压缩，消费信贷的利率也会提高，受流动性约束的家庭与消费者会更多。

第3章　我国居民消费现状分析

改革开放以来，与我国经济增长基本同步，我国居民消费也保持了较高的增长速度，但其增长速度总体上来说低于我国经济增长速度。对我国居民消费需求的一系列数据尤其是 2002 年以来的数据分析表明：虽然我国居民的消费水平在不断提高，消费结构也在稳步升级，但我国居民消费率的下滑比较明显。而与居民消费率下滑相对的是我国投资率的上升。为此，我国需要在消费与投资方面进行更好的平衡。要扩大我国居民消费需求，需要在提高居民收入与提升居民消费倾向两个方面同时发力，其中，在城镇居民方面，更需要提升城镇居民消费倾向，而在农村居民方面，则要着重提高农村居民收入。

3.1　消费水平的变化

伊志宏(2012)[73]认为，消费水平是指一定的社会生产力水平下，居民消费需求的满足程度，它是由一国一定时期的社会经济发展水平决定的，因此，反映社会经济发展程度的指标，如人均 GDP、人均可支配收入、人均消费支出等，可以用来衡量消费水平。由于人的需求满足是一个从低到高的过程，因而需求的满足程度也需要从多个方面来衡量。除前面的人均指标外，还可以考虑居民消费支出总量、居民消费倾向与恩格尔系数的变化。

3.1.1　居民消费支出的变化

我国居民消费支出增长迅速，1978 年我国居民消费支出为 1759.1 亿元，2011 年已经达到 164945.2 亿元，扣除价格变动因素，2011 年我国实际居民消费支出为 29193.84 亿元(以 1978 年为基期)，约为 1978 年的 16.596 倍，年均增长率约为 8.613%。以 1978 年为基期进行价格平减，图 3-1 描述了 1978 年到 2011 年我国实际居民消费支出绝对数(REALC)的变化，图 3-2 描述了 1979 年到 2011 年以上一年为基期的实际居民消费支出的环比增长率(RATE)变化。可以发现，我国实际居民消费支出的环比增长率比较低的年份有 1989 年的 −5.0562%、1990 年的 4.0813%、1997 年的 5.781%、2010 年的 6.5297%。1989—1990 年是我国宏观经济运行的一个低谷，1997 年我国受亚洲金融危机影响导致消费支出增长下滑。

另外，1988 年我国发生了"抢购"风潮，2009 年我国政府启动了"4 万亿计划"以及相配套的扩大消费措施，这些都会导致部分消费提前实现，因而在 1989 年、2010 年，我国实际居民消费支出的环比增长率偏低。

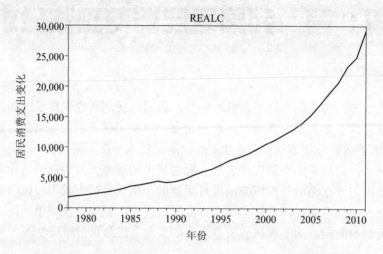

资料来源：各期中国统计年鉴以及新中国 55 年统计资料汇编。

图 3-1　我国实际居民消费支出的变化(以 1978 年为基期)

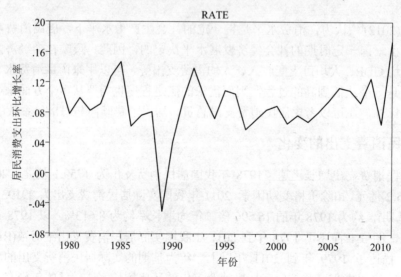

资料来源：各期中国统计年鉴以及新中国 55 年统计资料汇编。

图 3-2　我国实际居民消费支出的环比增长率(以上一年为基期)

3.1.2 人均 GDP 与人均可支配收入变化

货币收入的提高是居民消费水平提高的前提，货币收入的提高又要以 GDP 的增长为前提，所以，我们将人均 GDP 与人均可支配收入同时考察。古炳鸿等人(2009)[74]认为，由于农村居民家庭纯收入已经扣除了税费支出、家庭经营支出和生产性固定资产折旧等费用，故可认为农民纯收入与城镇居民可支配收入的内涵和口径差别不大。所以，对城镇可以考察城镇居民家庭人均可支配收入，对农村可以考察农村居民家庭人均纯收入。表 3-1 列出了城镇居民家庭人均可支配收入、农村居民家庭人均纯收入与我国人均 GDP 2002—2011 年的指数情况。从中可以发现，其一，无论是 1978 年以来，还是 2002 年以来，三者都呈快速增长态势。利用统计学上的几何平均法[75]可以算出，我国城镇居民家庭人均可支配收入自 2002 年以来的年均增速为 $2.21627^{1/9} - 1 = 0.092452 = 9.25\%$，同一时期，农村居民家庭人均纯收入的年均增速为 $2.01402^{1/9} - 1 = 0.0809 = 8.09\%$，而人均 GDP 的年均增速达到 $2.38798^{1/9} - 1 = 0.10155 = 10.15\%$。其二，居民人均收入增速低于人均 GDP 增速。若 1978 年各指标的水平为 100，那么 2011 年城镇居民家庭人均可支配收入、农村居民家庭人均纯收入与人均 GDP 的指数则分别为 1046.3，1063.2，1600.9，显然 1046.3 < 1063.2 < 1600.9；如果设 2002 年的水平为 1 的话，2011 年城镇居民家庭人均可支配收入、农村居民家庭人均纯收入与人均 GDP 的指数分别为 2.21627、2.01402、2.38798，显然 2.01402 < 2.21627 < 2.38798。其三，2002 年以来城镇居民家庭人均可支配收入的增长高于农村居民家庭人均纯收入的增长，而 1978 以来农村居民家庭人均纯收入略高于城镇居民家庭人均可支配收入的增长，这是因为 20 世纪 80 年代农村居民享受联产承包责任制的制度红利。

表 3-1　人均可支配收入指数、人均纯收入指数与人均 GDP 指数的对比情况

(1978 = 100)

年份	城镇居民家庭人均可支配收入指数	农村居民家庭人均纯收入指数	人均 GDP 指数
2002	472.1	527.9	670.4
2003	514.6	550.6	733.1
2004	554.2	588.0	802.2
2005	607.4	624.5	887.7
2006	670.7	670.7	994.7
2007	752.5	734.4	1129.6
2008	815.7	793.2	1232.1
2009	895.4	860.6	1339.0
2010	965.2	954.4	1471.7
2011	1046.3	1063.2	1600.9
11/02	2.21627	2.01402	2.38798

资料来源：中国统计年鉴 2012。

表 3-2 列出了 2002 年以来我国城镇居民家庭人均可支配收入、农村居民家庭人均纯收入绝对水平的对比情况，可以发现，虽然我国城镇居民家庭人均可支配收入、农村居民家庭人均纯收入都取得了较快的增长，但它们之间的收入差距却一如既往的大，且没有有效地缩小。2002—2011 年，我国城镇居民家庭人均可支配收入是同一年度农村居民家庭人均纯收入的 3.2 倍左右，我国农村居民的消费水平不得不受到其低下的收入水平的限制。

表 3-2 城镇居民家庭人均可支配收入与农村居民家庭人均纯收入绝对水平的对比情况

年份	城镇居民家庭人均可支配收入(1)	农村居民家庭人均纯收入(2)	(1)/(2)
2002	7703	2476	3.1111
2003	8472	2622	3.2311
2004	9422	2936	3.2091
2005	10493	3255	3.2237
2006	11759	3587	3.2782
2007	13786	4140	3.3300
2008	15781	4761	3.3146
2009	17175	5153	3.3330
2010	19109	5919	3.2284
2011	21810	6977	3.1260

资料来源：中国统计年鉴 2003—2012。

3.1.3 人均消费支出与居民消费倾向的变化

1. 城乡人均消费支出

如表 3-3 所示，无论是城镇还是农村，自 2002 年以来，我国的人均消费支出都快速增长，与这十年我国人均收入的增长、人均 GDP 的增长趋势相一致。自 2002 年以来，我国城镇居民家庭人均消费支出是同一年度农村居民家庭人均生活消费支出的三倍左右，但这个比率逐步下滑，2002 年为 3.2879，到 2011 年已变为 2.9038。进一步考察(见表 3-4、表 3-5)可以发现，虽然城镇居民家庭消费的绝对额远高于农村居民家庭，但农村居民家庭人均生活消费支出的增长速度高于城镇居民家庭人均消费支出的增长速度。城镇居民家庭的实际人均消费支出自 2002 年到 2011 年的年均增速为 $1.9682^{1/9} - 1 = 0.0782 = 7.81\%$，而同一时期，农村居民家庭实际人均生活费支出年均增长却达到了 $2.1017^{1/9} - 1 = 0.086 = 8.6\%$。前面已经知道，这一时期城市人均可支配收入的年均增速略高于农村人均纯收入的年均增速，所以，这可能是城镇居民与农村居民在过去十年不同的消费倾向所导致的。

表 3-3　城乡人均消费支出对比

年份	城镇居民家庭人均消费支出(1)	农村居民家庭人均生活消费支出(2)	(1)/(2)
2002	6030	1834	3.2879
2003	6511	1943	3.3510
2004	7182	2185	3.2870
2005	7943	2555	3.1088
2006	8697	2829	3.0742
2007	9997	3224	3.1008
2008	11243	3661	3.0710
2009	12265	3993	3.0716
2010	13471	4382	3.0742
2011	15161	5221	2.9038

资料来源：中国统计年鉴 2003—2012。

2. 城乡居民消费倾向

居民消费倾向是指居民可支配收入中用于居民消费支出的比重，它反映了居民消费支出和收入水平的变动关系。平均消费倾向(APC)是指居民在一定时期内，例如一年，平均每单位收入中用于消费的部分。边际消费倾向(MPC)是指居民可支配收入每变动一个单位时，消费支出相应的变动额，反映了消费支出随居民收入增加而增加的程度。如前所述，在计算农村居民家庭的平均消费倾向和边际消费倾向时，以农村居民家庭人均纯收入代替城镇居民家庭人均可支配收入，并以农村居民家庭人均生活消费支出代替城镇居民家庭人均消费支出。具体的计算公式如下：

$$APC_{(城市)} = \frac{城镇居民家庭人均消费支出}{城镇居民家庭人均可支配收入} \tag{3-1}$$

$$MPC_{(城市)} = \frac{\Delta 城镇居民家庭人均消费支出}{\Delta 城镇居民家庭人均可支配收入} \tag{3-2}$$

$$APC_{(农村)} = \frac{农村居民家庭人均生活消费支出}{农村居民家庭人均纯收入} \tag{3-3}$$

$$\text{MPC}_{(农村)} = \frac{\Delta 农村居民家庭人均生活消费支出}{\Delta 农村居民家庭人均纯收入} \qquad (3\text{-}4)$$

从平均消费倾向来看(见表 3-4、表 3-5)，城镇居民家庭的平均消费倾向在过去十年逐年下滑，从 2002 年的 0.7828 下滑到 2011 年的 0.6951，而农村居民家庭的平均消费倾向从 2002 年的 0.7407 先逐年上升到 2006 年的 0.7887，再逐年下降到 2011 年的 0.7483，十年内没有明显的下减。由此看来，城镇居民家庭在过去十年进行了较大的紧缩，我国居民消费率下降主要体现为城镇居民家庭平均消费倾向的下降。计算边际消费倾向时，需要把相邻两年的消费与收入变成可比的消费与收入，为此分别以城镇 CPI 和农村 CPI 对各自进行了价格平减。从边际消费倾向来看，2003 年以来，城镇居民家庭的边际消费倾向较低，这 9 年的平均值是 0.6255。而且，每一年的边际消费倾向都低于当年的平均消费倾向(2009 年是唯一的例外)，说明城镇居民家庭的新增收入更多地用于储蓄，而不是用于消费。同一时期，农村居民家庭的边际消费倾向的波动性较大，但是其 9 年的平均值为 0.7826，远高于城镇居民家庭边际消费倾向水平，这说明，相比城镇居民家庭，农村居民家庭的新增收入有更高的比例用于消费，而不是储蓄。所以，要扩大我国居民消费需求，对城镇居民家庭而言，更需要提高其消费倾向，而对农村居民家庭而言，更需要提高其收入水平。

表 3-4　城镇居民家庭的平均消费倾向与边际消费倾向

年份	人均消费支出	人均可支配收入	城镇 CPI (1985=100)	实际人均消费支出	实际人均可支配收入	平均消费倾向(APC)	边际消费倾向(MPC)
2002	6030	7703	354.0	1703.4	2176.0	0.7828	
2003	6511	8472	357.2	1822.8	2371.8	0.7685	0.6098
2004	7182	9422	369.0	1946.3	2553.4	0.7623	0.6804
2005	7943	10493	374.9	2118.7	2798.9	0.7570	0.7021
2006	8697	11759	380.5	2285.7	3090.4	0.7396	0.5728
2007	9997	13786	397.6	2514.3	3467.3	0.7252	0.6066
2008	11243	15781	419.9	2677.5	3758.3	0.7124	0.5610
2009	12265	17175	416.1	2947.6	4127.6	0.7141	0.7312
2010	13471	19109	429.4	3137.2	4450.2	0.7050	0.5875
2011	15161	21810	452.2	3352.7	4823.1	0.6951	0.5783
11/02				1.9682			

资料来源：中国统计年鉴 2003—2012。

表 3-5　农村居民家庭的平均消费倾向与边际消费倾向

年份	人均生活消费支出	人均纯收入	农村 CPI (1985=100)	实际人均生活消费支出	实际人均纯收入	平均消费倾向(APC)	边际消费倾向(MPC)
2002	1834	2476	315.2	581.9	785.5	0.7407	
2003	1943	2622	320.2	606.8	818.9	0.7410	0.7487
2004	2185	2936	335.6	651.1	874.9	0.7442	0.7906
2005	2555	3255	343.0	744.9	949.0	0.7849	1.2657*
2006	2829	3587	348.1	812.7	1030.5	0.7887	0.8322
2007	3224	4140	366.9	878.7	1128.4	0.7787	0.6742
2008	3661	4761	390.7	937.0	1218.6	0.7690	0.6465
2009	3993	5153	389.5	1025.2	1323.0	0.7749	0.8441
2010	4382	5919	403.5	1086.0	1466.9	0.7403	0.4227
2011	5221	6977	426.9	1223.0	1634.3	0.7483	0.8183
11/02				2.1017			

注：标注*的值超出了边际消费倾向的取值范围，具体原因有技术性误差、实物补贴以及较大的借债支出等可能。

资料来源：中国统计年鉴 2003—2012。

3.1.4　城乡内部不同收入组居民平均消费倾向的变化

国家统计局对城镇居民户进行了分组，将每户人均可支配收入水平从低到高排队，按照 10%、10%、20%、20%、20%、10%、10%的比例划分为最低收入户、较低收入户、中等偏下收入户、中等收入户、中等偏上收入户、较高收入户、最高收入户七组。表 3-6 给出了各收入等级 2002—2011 年的平均消费倾向变化情况。从中可以发现两点：其一，2002—2011 年城镇各收入组平均消费倾向呈下降趋势；其二，城镇各收入组这十年的平均消费倾向的均值随着收入组向高收入组迈进而下降，这说明城镇居民收入差距扩大会降低城镇居民总体的消费倾向。

国家统计局对农村住户进行了分组，将每户人均纯收入水平从低到高排队，按照 20%、20%、20%、20%、20%的比例划分为低收入户、中低收入户、中等收入户、中高收入户、高收入户五组。表 3-7 给出了各收入等级 2002—2011 年的平均消费倾向变化情况。从中可以发现两点：其一，2002—2011 年农村低收入户、中低收入户这两组的平均消费倾向呈上升趋势，其他三组无明确的上升或下降趋势。由于农村低收入户、中低收入户大部分为不外出务工务商的农民，所以，他们更加受益于国家免除农业税等支农惠农政策。其二，与城镇一样，农村各收入组这十年的平均消费倾向的均值随着收入组向高收入组迈进而下降，这说明农村居民收入差距扩大会降低农村居民总体的消费倾向。

表 3-6　按收入等级分城镇居民家庭平均消费倾向的变化

组别 年 APC	最低收入 户(10%)	较低收入 户(10%)	中等偏下 收入户 (20%)	中等收入 户(20%)	中等偏上 收入户 (20%)	较高收入 户(10%)	最高收入 户(10%)
2002	0.991	0.893	0.853	0.819	0.782	0.758	0.687
2003	0.989	0.894	0.848	0.803	0.773	0.734	0.665
2004	0.997	0.890	0.846	0.796	0.755	0.718	0.664
2005	0.993	0.879	0.831	0.795	0.747	0.704	0.666
2006	0.959	0.860	0.809	0.770	0.727	0.691	0.659
2007	0.959	0.866	0.800	0.755	0.706	0.688	0.634
2008	0.954	0.841	0.784	0.740	0.692	0.681	0.619
2009	0.933	0.826	0.777	0.734	0.712	0.679	0.619
2010	0.920	0.793	0.760	0.732	0.696	0.676	0.618
2011	0.935	0.797	0.750	0.718	0.687	0.672	0.598
趋势	下降	下降	下降	下降	下降	下降	下降
均值	0.963	0.854	0.806	0.766	0.728	0.700	0.643

资料来源：中国统计年鉴 2003—2012。

表 3-7　按收入等级分农村居民家庭平均消费倾向的变化

组别 年 APC	低收入户 (20%)	中低收入户 (20%)	中等收入户 (20%)	中高收入户 (20%)	高收入户 (20%)
2002	1.174	0.847	0.760	0.689	0.594
2003	1.230	0.857	0.762	0.683	0.592
2004	1.240	0.858	0.757	0.682	0.596
2005	1.451	0.948	0.816	0.719	0.593
2006	1.374	0.918	0.816	0.726	0.623
2007	1.374	0.913	0.803	0.718	0.612
2008	1.430	0.904	0.782	0.707	0.607
2009	1.520	0.923	0.788	0.710	0.608
2010	1.356	0.889	0.759	0.675	0.583
2011	1.656	0.931	0.776	0.675	0.545
趋势	上升	上升	无趋势	无趋势	无趋势
均值	1.381*	0.899	0.782	0.698	0.595

注：标注*的值超出了平均消费倾向的取值范围，具体原因有技术性误差、实物补贴以及较大的借债支出等可能。

资料来源：中国统计年鉴 2003—2012。

3.1.5 城乡恩格尔系数的变化

德国统计学家恩斯特·恩格尔(Ernest Engel)根据长期统计资料发现：不同收入水平的家庭，其食物支出在总支出中所占的比重不同。收入水平越低的家庭，其食物支出所占的比重越高，收入水平越高的家庭，其食物支出所占的比重越低。这一发现被称为"恩格尔定律"，相应地，食物支出占消费支出中的比重被称为恩格尔系数。恩格尔定律最初是从横截面来考察不同收入阶层的食物支出所占比重的变化规律，经济学家伊志宏发现[73]，恩格尔定律也大致适用于从时间序列上分析收入变动与食物支出所占比重的变动，即随着收入水平的提高，食物支出占消费支出的比重有逐渐下降的趋势，这也被称为恩格尔定律，实际上是恩格尔定律的引申。联合国粮农组织提出[73]，将恩格尔系数的高低作为评价国家生活水平贫富的重要标准之一：恩格尔系数在 60% 以上为绝对贫困型，50%～60% 为温饱型，40%～50% 为小康型，30%～40% 为富裕型，30% 以下为极富裕型。

我国城镇居民家庭与农村居民家庭的恩格尔系数变化情况见表 3-8，2002—2011 年，我国城镇居民家庭恩格尔系数在 35.7%～37.9% 之间微幅波动，没有明显的下降趋势，但其恩格尔系数所显示的生活水平较高，按照联合国粮农组织相应标准，属于富裕型。其原因可以归结为我国经济的迅猛发展。如前所述，2002—2011 年，人均 GDP 的年均增速达到 10.155%，城镇居民家庭人均可支配收入自 2002 年以来的年均增速为 9.2452%。收入的提高、商品质量的提高以及交通能源电信等消费环境的逐步改善，使得城镇居民的生活水平逐渐提高。

表 3-8 城镇居民家庭与农村居民家庭的恩格尔系数变化

年份	城镇居民家庭恩格尔系数(%)	农村居民家庭恩格尔系数(%)
2002	37.7	46.2
2003	37.1	45.6
2004	37.7	47.2
2005	36.7	45.5
2006	35.8	43.0
2007	36.3	43.1
2008	37.9	43.7
2009	36.5	41.0
2010	35.7	41.1
2011	36.3	40.4

资料来源：中国统计年鉴 2012。

同一时期，我国农村居民家庭恩格尔系数有较为明显的下降趋势，由期初的 46% 左右下降到期末的 41% 左右，但仍然高于同一年度的城镇居民家庭恩格尔系数。这说明农村居民家庭的生活水平虽仍然低于城镇居民，但总算有较为明显的提高。其原因可以归结为三个方面：首先是由于农业税的取消、粮食最低收购价的逐年提高以及国家财政支农支出比重的提高，农民获得了一定的实惠。数据显示，2002—2011 年，农村居民家庭人均纯收入的年均增速为 8.09%，这一数字虽然低于城镇居民可支配收入的年均增速，但其绝对水平不低。其次，2008 年年底 4 万亿计划启动以后，为拉动农村消费，国家出台家电下乡、汽车下乡政策，通过为农村消费者提供补贴的方式来鼓励农村居民消费，从而拉低了食品支出占比，相应拉低了恩格尔系数。最后，农村电网改造、以乡乡通公路为代表的农村道路建设等项目的实施改善了农村居民的消费条件，有助于提高农村居民消费水平。

3.2　消费结构的变化

在消费过程中，对不同消费资料(包括劳务)的消费所形成的组合和比例关系，构成一定的消费结构。消费水平是一国消费结构最基本的制约因素，同时，消费结构也反映了一个国家的消费水平和居民的生活质量。恩格斯曾将生活资料分为生存资料、享受资料和发展资料，至今仍具有重要的参考价值。我国国家统计局将居民消费支出划分为八项：食品、衣着、居住、家庭设备用品及服务、交通通信、教育文化娱乐服务、医疗保健、杂项商品与服务(或其他)。以下是对我国城乡居民消费支出结构分别进行的纵向比较和横向比较。

3.2.1　我国城乡居民家庭消费支出结构的纵向比较

表 3-9 给出了我国城镇居民家庭平均每人消费支出构成 2002—2011 年的变动情况，其中，份额下降较大的种类是教育文化娱乐服务，份额上升较大的种类有交通通信、衣着，份额略有上升的是杂项商品与服务，份额基本保持不变的有食品、居住、家庭设备用品及服务和医疗保健。

教育文化娱乐服务支出比重的下降有着深刻的内涵，一方面，这与信息技术的进步是分不开的。虽然传递的同样是信息、知识，但微博、电子期刊、掌上阅读、网络版电影取代了读书看报看电影，前者在消费支出的统计分类中归入了交通通信，而后者归入了教育文化娱乐服务支出。另一方面，这说明我国普通居民更加忙碌了，生活方式更加的快餐化，缺乏相应的休闲时间，从而降低了教育文化娱乐服务支出。

交通通信支出份额的上升除了前述的信息技术的进步导致新媒体对传统纸媒体的替代外，还由于我国城市面积的扩大以及高速公路、城市道路等基础设施的大力改善促使家用汽车的普及率上升。表 3-10 列出了我国城镇居民家庭平均每百户年底耐用消费品拥有量的一些情况，微波炉是城镇居民家庭近十年家电中增长较快的电器，但其年均增速相比计算机、移动电话以及家用汽车则逊色许多。

衣着支出的稳步上升说明我国城镇居民更加讲究时尚，消费升级了！在 2010 年之前医疗保健支出的份额变化都很小，2010 年、2011 年略有下降，这可能跟我国这几年医疗卫生方面的财政支出比重提升有关，医疗卫生方面的财政支出比重的提升相应会减少居民的医疗支出。

表 3-9　城镇居民家庭平均每人消费支出构成的纵向比较

（人均消费性支出 = 100）

种类 年份	食品	衣着	居住	家庭设备 用品及服务	医疗 保健	交通 通信	教育文化 娱乐服务	杂项商品 与服务
2002	37.68	9.80	10.35	6.45	7.13	10.38	14.96	3.25
2003	37.12	9.79	10.74	6.30	7.31	11.08	14.35	3.30
2004	37.73	9.56	10.21	5.67	7.35	11.75	14.38	3.34
2005	36.69	10.08	10.18	5.62	7.56	12.55	13.82	3.50
2006	35.78	10.37	10.40	5.73	7.14	13.19	13.83	3.56
2007	36.29	10.42	9.83	6.02	6.99	13.58	13.29	3.58
2008	37.89	10.37	10.19	6.15	6.99	12.60	12.08	3.72
2009	36.52	10.47	10.02	6.42	6.98	13.72	12.01	3.87
2010	35.67	10.72	9.89	6.74	6.47	14.73	12.08	3.71
2011	36.32	11.05	9.27	6.75	6.39	14.18	12.21	3.83

资料来源：中国统计年鉴 2003—2012。

表 3-10　城镇居民家庭平均每百户年底耐用消费品拥有量

耐用品 年份	微波炉	计算机	移动电话	家用汽车
2002	30.91	20.63	62.89	0.88
2003	36.96	27.81	90.07	1.36
2004	41.70	33.11	111.35	2.18
2005	47.61	41.52	137.00	3.37
2006	50.61	47.20	152.88	4.32
2007	53.39	53.77	165.18	6.06
2008	54.57	59.26	172.02	8.83
2009	57.18	65.74	181.04	10.89
2010	59.00	71.16	188.86	13.07
2011	60.65	81.88	205.25	18.58
年均增长	7.777%	16.552%	14.045%	40.338%

资料来源：中国统计年鉴 2003—2012。

表 3-11 给出了我国农村居民家庭平均每人生活消费支出构成 2002—2011 年的变动情况。食品、教育文化娱乐服务的支出份额有较大程度的下降，杂项商品与服务支出的份额除 2002 年为 3.14 外，其他各年都在 2.2 附近波动。交通通信、医疗保健的支出份额有较大程度的上升，衣着、居住、家庭设备用品及服务的支出份额有一定程度的上升。

表 3-11　农村居民家庭平均每人生活消费支出构成的纵向比较

（人均生活消费支出 = 100）

种类 年份	食品	衣着	居住	家庭设备用品及服务	医疗保健	交通通信	教育文化娱乐服务	杂项商品与服务
2002	46.25	5.72	16.36	4.38	5.67	7.01	11.47	3.14
2003	45.59	5.67	15.87	4.20	5.96	8.36	12.13	2.21
2004	47.23	5.50	14.84	4.08	5.98	8.82	11.33	2.21
2005	45.48	5.81	14.49	4.36	6.58	9.59	11.56	2.13
2006	43.02	5.94	16.58	4.47	6.77	10.21	10.79	2.23
2007	43.08	6.00	17.80	4.63	6.52	10.19	9.48	2.30
2008	43.67	5.79	18.54	4.75	6.72	9.84	8.59	2.09
2009	40.97	5.82	20.16	5.13	7.20	10.09	8.53	2.11
2010	41.09	6.03	19.06	5.34	7.44	10.52	8.37	2.15
2011	40.40	6.50	18.40	5.90	8.40	10.50	7.60	2.30

资料来源：中国统计年鉴 2003—2012。

食品支出份额自 2002 年的 46.25 稳步下降到 2011 年的 40.40，这说明我国农村居民家庭这十年的生活水平有较大程度的提升。教育文化娱乐服务的大幅下滑，除了与信息技术的进步有关外，还与高等教育机构农村生源的比例下滑，农村地区成人教育学校、娱乐活动以及文化活动的匮乏有很大关系。交通通信支出份额上升的原因与城镇一样，是因为信息技术的进步与交通基础设施的改善。从农村居民家庭平均每百户年底耐用消费品拥有量来看，移动电话、计算机是年均增速最快的种类，在统计数字区间分别增长了 33.14%、43.00%(见表 3-12)。除此之外，农村人口流动的加速也是导致农村居民家庭交通通信支出增加的重要原因。衣着、居住、家庭设备用品及服务的支出份额的上升与食品支出的下降一样，都说明了农村居民家庭消费水平与生活水平的提高。表 3-12 中还显示，在城市缓慢增长的家电产品在农村有高速的增长，其中，空调获得了 28.95% 的年均增速。农村居民家庭医疗保健支出份额的上升一方面说明农村居民更重视医疗保健，农村居民生活水平有所提高外，也说明我国这几年医疗卫生方面的财政支出比重提升尚未对农民进行较大程度的倾斜。

表 3-12　农村居民家庭平均每百户年底耐用消费品拥有量

耐用品 年份	洗衣机	电冰箱	空调	彩电	移动电话	计算机
2002	31.80	14.83	2.29	60.45	13.67	na
2003	34.27	15.89	3.45	67.80	23.68	na
2004	37.32	17.75	4.70	75.09	34.72	na
2005	40.20	20.10	6.40	84.08	50.24	2.10
2006	42.98	22.48	7.28	89.43	62.05	2.73
2007	45.94	26.12	8.54	94.38	77.84	3.68
2008	49.11	30.19	12.23	99.22	96.13	5.36
2009	53.14	37.11	12.23	108.94	115.24	7.46
2010	57.32	45.19	16.00	111.79	136.54	10.37
2011	62.57	61.54	22.58	115.46	179.74	17.96
年均增长	7.81%	17.13%	28.95%	7.45%	33.14%	43.00%

资料来源：中国统计年鉴 2003—2012。

3.2.2　我国城乡居民家庭消费支出结构的横向比较

按收入等级分城镇居民家庭平均每人消费支出构成情况见表 3-13，可以发现：第一，城镇居民家庭食品支出的比重随着收入组向高收入组迈进而有较大的下降，也就是说，收入越高的组，其消费水平越高；第二，中等偏下收入户、中等收入户、中等偏上收入户，这三组的衣着支出份额在所有收入组里面是最高的，这说明消费者的示范效应在这三组中比较突出；第三，居住、医疗保健的支出比重与食品一样，随着收入组向高收入组迈进而有较大的下降，充分展示了居住与医疗保健的需求是刚性的，即使是低收入组，也要保证它们一定数量的开支，相对低收入组的收入来说，所占比例就显得比较高了；第四，交通通信、教育文化娱乐服务、杂项商品与服务的支出比重随着收入组向高收入组迈进而有较大的上升，充分说明了这几类支出具有消费升级的特性，只有收入提高，城镇居民才会增加这三类的支出。

表 3-13　按收入等级分城镇居民家庭平均每人消费支出构成(2011 年)

(人均生活消费支出 = 100)

种类 组别	食品	衣着	居住	家庭设备用品 及服务	医疗 保健	交通 通信	教育文化 娱乐服务	杂项商品 与服务
最低收入户	45.85	9.45	11.65	5.21	7.52	7.79	9.99	2.54
较低收入户	43.67	10.73	10.28	5.75	6.81	9.89	10.30	2.56
中等偏下收入户	41.72	11.51	9.41	6.13	6.99	10.58	10.70	2.98
中等收入户	38.97	11.61	8.79	6.58	6.49	12.56	11.67	3.32
中等偏上收入户	35.87	11.27	8.96	7.03	6.26	14.58	12.32	3.70
较高收入户	32.59	10.87	8.85	7.26	6.33	16.58	13.20	4.32
高收入户	27.52	10.51	9.30	7.46	5.57	19.65	14.38	5.60

资料来源：中国统计年鉴 2003—2012。

按收入等级分农村居民家庭平均每人消费支出构成情况见表 3-14，其所反映的内容与城镇居民有相同的地方，也有不同的地方。农村居民家庭食品、医疗保健这两方面的支出随着收入组向高收入组迈进有较大程度的下降，也就是说，这两者对农村居民家庭来说，是刚性需求；衣着、居住、家庭设备用品及服务、交通通信、教育文化娱乐服务、杂项商品与服务这六方面的支出随着收入组向高收入组迈进而上升，其中，上升幅度最大的是交通通信与教育文化娱乐服务，这说明对农村居民家庭来说，这六方面的支出都具有消费升级的特性，只有收入提高，农村居民才会增加这六类的支出。

表 3-14　按收入等级分农村居民家庭平均每人消费支出构成(2011 年)

(人均生活消费支出 = 100)

种类 组别	食品	衣着	居住	家庭设备用品 及服务	医疗 保健	交通 通信	教育文化 娱乐服务	杂项商品 与服务
低收入户	44.84	6.30	17.28	5.21	9.44	8.82	6.11	2.02
中等偏下收入户	43.66	6.32	17.10	5.69	9.41	8.95	6.74	2.14
中等收入户	41.73	6.42	17.79	6.00	8.75	9.88	7.15	2.28
中等偏上收入户	39.91	6.68	18.11	6.22	8.27	10.56	7.85	2.40
高收入户	35.68	6.76	20.37	6.12	7.05	12.50	8.91	2.60

资料来源：中国统计年鉴 2003—2012。

对我国城乡居民家庭消费支出结构的横向比较表明，只有有效提高居民收入，消费才能进一步升级。无论是城镇还是农村，居民收入提高之后，交通通信与教育文化娱乐服务这两方面支出的上升力度最大。除此之外，由于刚性需求会产生大额刚性支出，增加预防性储蓄,所以,如要扩大城镇居民消费需求,国家在居住(住房)和医疗保健(医疗)方面要给予更多的财政金融支持,若要扩大农村居民消费需求,在医疗保健(医疗)方面要给予更多的财政金融支持。

3.3　我国居民消费率的变化

在前面关于我国居民消费水平的探讨中已经发现:扣除价格因素,2002 年以来,我国人均消费支出的增长速度低于人均 GDP 的增速,其中,城镇居民人均消费支出的增长速度还低于城镇居民人均可支配收入的增速。将前面提到的数据进行综合,结果如表 3-15 所示。由于人均消费支出的增长速度低于人均 GDP 的增速,反映到居民消费率上,就是分子比分母增长得慢,由此可自然推理出,我国居民消费率 2002 年以来是下滑的。表 3-16 给出了国家统计局发布的 2002—2011 年我国居民消费率、最终消费率与投资率(资本形成率)的相关数据,我国居民消费率自 2002 年的 44%逐步下降到 2011 年的 35.4%,同一时期,我国最终消费率自 59.6%下降到 49.1%,投资率自 37.8%上升到 48.3%。由此可以明确地得出结论:2002 年以来,我国的居民消费率下滑、最终消费率下滑、投资率上升。

表 3-15　2002—2011 年人均消费支出、人均收入与人均 GDP 的增速对比

项目 统计区间	城镇居民人均 消费支出增速	农村居民人均生 活费支出增速	城镇居民人均可 支配收入增速	农村居民人均 纯收入增速	人均 GDP 增速
2002—2011	7.81%	8.6%	9.25%	8.09%	10.15%

资料来源:表 3-1、表 3-4、表 3-5。

根据我国国民经济核算原理,如下公式成立:

$$最终消费支出 = 居民消费支出 + 政府消费支出 \tag{3-5}$$

$$\frac{最终消费支出}{GDP} = \frac{居民消费支出}{GDP} + \frac{政府消费支出}{GDP} \tag{3-6}$$

$$最终消费率 = 居民消费率 + 政府消费率 \tag{3-7}$$

其中

$$\frac{最终消费支出}{GDP} = 最终消费率 \tag{3-8}$$

$$\frac{居民消费支出}{GDP} = 居民消费率 \tag{3-9}$$

$$\frac{政府消费支出}{GDP} = 政府消费率 \tag{3-10}$$

$$\frac{居民消费率}{政府消费率} = \frac{居民消费支出}{政府消费支出} \qquad\qquad (3\text{-}11)^*$$

表 3-16 列出了政府消费率以及居民消费率与政府消费率的比值。可见，其一，由于政府消费率的下滑比较缓慢，最终消费率的下滑主要是由居民消费率的下滑引起的；其二，居民消费支出/政府消费支出的下滑比较明显，所以，政府消费支出应该得到更大程度的控制，居民消费支出应该得到更大程度的鼓励，也就是说，扩张居民消费支出、提高居民消费率显得尤为必要。

表 3-16　2002—2011 年我国居民消费率、最终消费率与投资率的变化

年份	居民消费率(%)	政府消费率(%)	最终消费率(%)	资本形成率 (投资率)(%)	居民消费率/ 政府消费率
2002	44.0	15.6	59.6	37.8	2.82
2003	42.2	14.7	56.9	41.0	2.87
2004	40.5	13.9	54.4	43.0	2.91
2005	38.9	14.1	53.0	41.5	2.76
2006	37.1	13.7	50.8	41.7	2.71
2007	36.1	13.5	49.6	41.6	2.67
2008	35.3	13.3	48.6	43.8	2.65
2009	35.4	13.1	48.5	47.2	2.70
2010	34.9	13.3	48.2	48.1	2.62
2011	35.4	13.7	49.1	48.3	2.58

资料来源：中国统计年鉴 2012。

3.4　对我国居民消费的总体评价

我国的居民消费支出、人均可支配收入、人均消费支出都获得了较快的增长，但它们的增速低于同一时期的人均 GDP 的增速。2002 年以来，我国城镇居民人均消费支出增速还低于其人均可支配收入的增速。由于人均消费支出的增长速度低于人均 GDP 的增速，反映到居民消费率上，就是分子比分母增长得慢，所以，我国居民消费率是下滑的。

对比我国城镇居民家庭人均可支配收入和农村居民人均纯收入的绝对水平发现，虽然我国城镇居民家庭人均可支配收入、农村居民家庭人均纯收入都取得了较快的增长，但它

注*：公式(3-11)由于是在四舍五入的相对数基础上计算，与运用原始的绝对数计算有细微差别。

们之间的收入差距却一如既往的大，且没有有效的缩小。我国农村居民的消费水平不得不受到其低下的收入水平的限制。我国城镇居民家庭的人均消费支出是同一年度农村居民家庭人均生活消费支出的三倍左右，虽然这个比例自 2002 年以来在逐年下滑，但在 2011 年仍然达到惊人的 2.9038。这说明，从人均消费支出来考察，农村居民消费相比于城镇居民来说，是严重不足的。

　　2002 年以来，我国城镇居民家庭的平均消费倾向大体上在逐年下降，而同一时期，农村居民家庭的平消费倾向没有明显下降，且我国农村居民家庭的边际消费倾向高于城镇居民家庭的边际消费倾向。这说明两点：其一，我国城镇居民的消费不足主要体现为城镇居民家庭消费意愿的下降，即平均消费倾向的下降和边际消费倾向的低下；其二，我国农村居民的消费不足主要体现为其消费能力，即收入水平的低下。所以，要扩大我国居民消费需求，对城镇居民家庭而言，更需要提高其消费意愿，即消费倾向，而对农村居民家庭而言，更需要提高其消费能力，即收入水平。

　　通过对城乡内部不同收入组自 2002 年到 2011 年居民平均消费倾向变化分析可发现，居民收入差距扩大会降低居民总体的消费倾向，所以，缩小居民间的收入分配差距会提高居民总体的消费倾向。通过对城乡恩格尔系数变化的分析可知，2002 年以来，我国城镇居民家庭恩格尔系数没有明显的下降，但其恩格尔系数所显示的生活水平较高，而农村居民家庭恩格尔系数虽然有较为明显的下降，但仍然高于城镇居民的恩格尔系数，说明我国农村居民家庭的生活水平虽然有较为明显的提高，但仍然低于城镇居民的生活水平。

　　通过对我国城乡居民家庭消费支出结构的纵向比较发现，无论是在城镇还是在农村，教育文化娱乐服务的份额都有较大程度的下降，而交通通信的份额都有较大程度的上升。医疗保健支出的份额在农村有较大的上升，在城镇近两年(2010 年、2011 年)则略有下降，这说明医疗卫生方面的财政支出比重提升更多地惠及到城镇，而尚未对农民进行较大程度的倾斜。通过对我国城乡居民家庭消费支出结构的横向比较发现，要有效提高居民收入，消费才能进一步升级，而且，无论是城镇还是农村，居民收入提高之后，交通通信与教育文化娱乐服务这两方面的支出力度最大。除此之外，城镇居民对住房、医疗保健的刚性需求和农村对医疗保健的刚性需求会产生预防性储蓄，从而降低居民消费倾向。

　　从对居民消费率变化的分析中发现，不仅我国的居民消费率下滑，我国的最终消费率也是下滑的，与此同时，投资率上升。为此，我国需要在消费与投资方面进行更好的平衡。由于政府消费率的下滑速度比居民消费率缓慢，所以，最终消费率的下滑主要由居民消费率的下滑引起，要平衡消费与投资，扩张居民消费支出、提高居民消费率显得尤为必要。

第4章 制约我国居民消费需求的财税金融因素

如前所述，我国城镇居民的消费不足主要体现为城镇居民家庭消费意愿的下降，即平均消费倾向的下降和边际消费倾向的低下，我国农村居民的消费不足主要体现为其消费能力，即收入水平的低下。那么，究竟是哪些财税金融因素制约了我国居民的消费意愿和消费能力，从而制约我国居民的消费需求？这其中必须借助一些中间变量来研究。消费理论的发展过程显示：提高居民收入、减少居民收入的不确定性、降低居民消费时面临的流动性约束以及缩小居民间的收入分配差距会扩大居民消费需求。对我国居民消费的现状分析中也发现：其一，只有有效提高居民收入，消费才能进一步升级；其二，缩小居民间的收入分配差距会提高居民总体的消费倾向；其三，对住房、医疗保健的刚性需求会产生大额刚性支出，增加预防性储蓄，从而降低了居民消费倾向。所以，不论是探讨制约我国居民消费需求的财税金融因素，还是寻求扩大居民消费需求的财税金融政策，都必须以居民收入、居民收入的不确定性、流动性约束以及居民间的收入分配这四个变量作为桥梁(即中间变量)来进行研究。

4.1 制约我国居民消费需求的财税因素

如果财政收入的增长速度持续超过同期 GDP 的增速，那么财政收入占 GDP 的比重就会上升，而居民可支配收入占 GDP 的比重会下降，这不利于居民消费的扩大。居民间的收入分配差距需要通过恰当的税制来调节，采纳累进税率的直接税的比重偏低不利于缩小收入分配差距，从而不利于居民消费的扩大。大额刚性支出与居民收入的不确定性对消费的影响机理是类似的，他们都会增加居民的预防性储蓄，从而减少了现期消费。要弱化大额刚性支出对居民消费的不利影响，就要加大相关领域的财政支出。如第3章中所分析的，住房和医疗保健是城镇居民最大的刚性支出，而农村居民的刚性支出主要体现在医疗保健方面。消费环境的制约与财政支出也有关系,如果政府能在降低行政管理支出的同时,不降低公务员的工资和公共服务的质量,那么就可以增加公共设施的投资,从而改善居民消费环境。

4.1.1　财政收入的高速增长

财政收入是指政府为履行其职能、实施公共政策和提供公共服务的需要而筹集的一切收入的总和。财政关系包括居民、企业与国家的分配关系。在国民收入的初次分配中,一个国家的财政收入水平越高,留给企业和居民的收入就越少;反之,一个国家的财政收入水平越低,留给企业和居民的收入就越高。居民的收入越高,其消费才可能增加,因为消费是收入的正相关函数。2002 年以来,我国的财政收入呈现快速增长势头,远高于同期的 GDP 增长速度,说明财政在国民收入初次分配中从 GDP 中切取了越来越多的份额(即财政收入占 GDP 的比重呈上升趋势);相应同一时间段,居民可支配收入占 GDP 的比重总体上呈下降趋势(见表 4-1)。对我国居民消费的现状分析中发现,1978 年以来,无论是农村居民的人均纯收入,还是城镇居民的人均可支配收入,他们的增速都低于同一时期的人均 GDP 增速,而且,2002 年以来也是如此。这说明,居民收入的增速亟需提高。

表 4-1　财政收入与居民可支配收入占 GDP 的比重

年份	财政收入年增长速度 (名义)	财政收入占 GDP 的比重	居民可支配收入占 GDP 的比重*
2002	15.4%	0.157	0.482
2003	14.9%	0.159	0.472
2004	21.6%	0.164	0.456
2005	19.9%	0.169	0.444
2006	22.5%	0.174	0.423
2007	32.4%	0.193	0.420
2008	19.5%	0.194	0.412
2009	11.7%	0.196	0.420
2010	21.3%	0.206	0.415
2011	25%	0.223	0.422

注:(1) 居民可支配收入 = 城镇居民人均可支配收入 × 城镇人口 + 农村居民人均纯收入 × 农村人口,数据经过四舍五入处理,保留小数点后三位数。

(2) 财政收入中不包括国内外债务收入。

资料来源:中国统计年鉴 2003—2012。

下面对居民消费率(居民消费支出占支出法 GDP 的比重,Y_t)与居民可支配收入占(支出法)GDP 的比重(X_{1t})进行格兰杰因果检验。Y_t、X_{1t} 的数据均来自历年的中国统计年鉴,详见附录 1,这两个变量的统计特性见表 4-2。

表 4-2　各经济变量的统计特性

变量	均值	标准差	最小值	最大值	偏度	峰度
Y_t	0.453063	0.056017	0.349436	0.524657	−0.605625	2.162700
X_{1t}	0.485791	0.051871	0.411672	0.591085	0.452063	2.175590

要对居民可支配收入占 GDP 的比重(X_{1t})与居民消费率(Y_t)进行格兰杰因果关系检验,必须保证这两个变量是同阶单整的。为此对 X_{1t}、Y_t 进行单位根检验,发现它们在样本区间(1978—2011 年)都是平稳的(见表 4-3),即 $X_{1t}\sim$I(0),$Y_t\sim$I(0),符合格兰杰因果关系检验的要求。

表 4-3　对 X_{1t}、Y_t 的单位根检验结果

变量	检验类型(C, T, K)	ADF 值	5%临界值	检验结论
Y_t	(0, 0, 0)	−1.952490	−1.951332	平稳
X_{1t}	(C, T, 0)	−3.829688	−3.552973	平稳

注: C 表示常数项, T 表示趋势项, K 表示滞后阶数。

在进行格兰杰因果检验时,滞后期的选择很关键。检测结果发现在滞后 7 期时,LR、FPE、AIC、HQ 最小,滞后 1 阶时只有 SC 最小,因此这里选择在滞后 7 期进行格兰杰因果检验。表 4-4 所示是滞后期确定的各种相关数值。

表 4-4　滞后期确定的各种相关数值

Lag	LogL	LR	FPE	AIC	SC	HQ
0	113.1669	NA	9.10e-07	−8.234588	−8.138600	−8.206046
1	169.6529	100.4194	1.87e-08	−12.12243	−11.83447*	−12.03681
2	173.4024	6.110432	1.91e-08	−12.10388	−11.62395	−11.96117
3	176.7486	4.957338	2.04e-08	−12.05546	−11.38354	−11.85566
4	180.4169	4.891057	2.15e-08	−12.03088	−11.16699	−11.77400
5	182.3664	2.310455	2.63e-08	−11.87899	−10.82312	−11.56503
6	188.8370	6.710229	2.36e-08	−12.06200	−10.81415	−11.69095
7	200.2407	10.13665*	1.52e-08*	−12.61042*	−11.17060	−12.18229*

表 4-5 的格兰杰因果检验结果表明,在 5%的显著性水平下,我们既拒绝虚拟假设(Null

Hypothesis)"X_1 does not Granger Cause Y",也拒绝虚拟假设"Y does not Granger Cause X_1",也就是都可以接受备选的对立假设(Alternative Hypothesis)。所以,居民可支配收入占 GDP 的比重(X_1)是居民消费率(Y)的格兰杰原因,居民消费率(Y)也是居民可支配收入占 GDP 的比重(X_1)的格兰杰原因。居民可支配收入占 GDP 的比重(X_1)与居民消费率(Y)的这种双向因果关系似乎在表明:消费与收入是相互影响的,他们相互决定直到均衡。

表 4-5　滞后 7 期的格兰杰因果检验结果

Null Hypothesis:	Obs	F-Statistic	Prob.
Y does not Granger Cause X_1	27	3.01334	0.0450
X_1 does not Granger Cause Y		3.19578	0.0374

　　既然居民可支配收入占 GDP 的比重(X_1)是居民消费率(Y)的格兰杰原因,那么,降低财政收入的增长速度从而降低财政收入占 GDP 的比重就显得很有必要了。降低财政收入占 GDP 的比重,可以给居民可支配收入占 GDP 比重的提高提供可能的上升空间,从而为居民消费率的提高提供可能的上升空间,而根据居民可支配收入占支出法 GDP 的比重与居民消费率之间的双向因果关系,居民消费率的提高又能促进居民可支配收入占 GDP 的比重的提高,如此形成一个正反馈。所以,政府主动降低财政收入占 GDP 的比重,对提高居民可支配收入占 GDP 比重、提高居民消费率都具有重要意义。

4.1.2　税制结构不合理

　　后凯恩斯主义的消费理论蕴含着,收入分配会影响居民消费需求。在考察城乡内部不同收入组居民平均消费倾向的变化时(见 3.1.4 小节)已经发现,城镇居民收入差距的扩大会降低城镇居民总体的消费倾向,农村居民收入差距的扩大也会降低农村居民总体的消费倾向,所以降低居民间的收入差距会扩大居民消费需求。在税制结构上,调节居民间的收入分配主要依靠采取累进征税的直接税税种。一般地说,所得税、财产税等直接税税种,其负担依富有之程度而累加,既符合公平原则,又具有收入再分配的职能。商品税这类间接税具有累退的特性,中低收入者的税收负担重于高收入者,整个社会的边际消费倾向会因商品税税收的累退效应而降低。所以,一个国家间接税的比重越高,越不利于改善居民间的收入分配。从我国税收收入的实际情况来看,一方面,来自所得税、财产税等直接税的比重过低,来自商品税这类典型的间接税的比重虽然呈下降趋势,但依然牢牢占据半壁江山以上(见表 4-6);另一方面,直接税种里面,企业所得税占绝对主导地位;契税对中国境内转移土地、房屋权属,承受的单位和个人征收,没有深入到持有环节,其调节居民收入分配的功能很弱;房产税按照比例计算(从价按余值的 1.2%,从租按租金的 4%),没有采用累进制,且缴纳对象大部分是企业与集体,调节居民收入分配的功能很弱;遗产税、赠与税都尚未开征。调节居民收入分配的税种只有个人所得税，而且其占税收收入的比重也比较低(见表4-7)。这表明，我国的税制结构从调节居民收入分配这方面来说十分乏力。

表4-6　我国来自商品税的税收收入一览表

年份	各项税收合计(亿元)	商品税合计(亿元)	商品税所占比重
1994	5126.88	3465.76	67.6%
1995	6038.04	4009.37	66.4%
1996	6909.82	4635.61	67.1%
1997	8234.04	5286.89	64.2%
1998	9262.80	6018.47	65.0%
1999	10682.58	6371.09	59.6%
2000	12581.51	7280.24	57.9%
2001	15301.38	8351.21	54.6%
2002	17636.45	9675.04	54.9%
2003	20017.31	11263.25	56.3%
2004	24165.68	14101.81	58.4%
2005	28778.54	16658.38	57.9%
2006	34804.35	19799.21	56.9%
2007	45621.97	24259.23	53.2%
2008	54223.79	28191.6	52.0%
2009	59521.59	32256.42	54.2%
2010	73210.79	40350.77	55.1%
2011	89738.39	47440.96	52.9%

注：中国统计年鉴上列示的商品税包括国内增值税、营业税、国内消费税、关税四项，由于未包括进口货物增值税、进口货物消费税和出口货物退增值税、消费税，本表计算的商品税所占比重存在轻微的低估(因为进口货物增值税消费税一般地大于出口货物退增值税消费税)。

资料来源：中国统计年鉴2012。

表4-7　各直接税占税收收入的比重

(%)

年份	企业所得税占比	个人所得税占比	契税占比	房产税占比
2009	19.38	6.64	2.91	1.35
2010	17.54	6.61	3.37	1.22
2011	18.69	6.75	3.08	1.23

资料来源：中国统计年鉴2010—2012。

4.1.3　行政管理支出的高速增长

自 1978 年以来,我国行政管理支出保持了较高的增速,三十多年来,其在财政支出中的比重一路攀升,只是在近几年才略有下降(见表 4-8)。

表 4-8　1978—2011 年我国的居民消费率与行政管理支出情况一览表

项目　　年份	居民消费率	行政管理支出占财政支出的比重	项目　　年份	居民消费率	行政管理支出占财政支出的比重
1978	0.48788	0.047144	1995	0.448768	0.146041
1979	0.491497	0.049205	1996	0.457851	0.149326
1980	0.507566	0.061465	1997	0.452145	0.147164
1981	0.524657	0.072584	1998	0.453352	0.148198
1982	0.519302	0.073855	1999	0.460032	0.153219
1983	0.519787	0.073131	2000	0.464355	0.174250
1984	0.508237	0.082186	2001	0.453424	0.185821
1985	0.516421	0.085349	2002	0.440393	0.185974
1986	0.504553	0.097269	2003	0.421992	0.190315
1987	0.498974	0.100876	2004	0.405193	0.193843
1988	0.511294	0.109023	2005	0.389272	0.191933
1989	0.509066	0.136788	2006	0.370772	0.187297
1990	0.488474	0.134441	2007	0.361338	0.162670
1991	0.475281	0.122249	2008	0.353416	0.153727
1992	0.471613	0.123834	2009	0.354339	0.149831
1993	0.444314	0.136626	2010	0.349436	0.151118
1994	0.434993	0.146338	2011	0.354164	0.147687

注:1978—2006 年的行政管理支出为"国家财政按功能性质分类"中的行政管理费,2007 年国家财政收支分类改革后,行政管理支出数据缺失,根据预测精度最小原则,采纳了 GM(1,1)残差模型进行了 2007—2011 年中国行政管理支出的预测(见附录 2)。

资料来源:各期中国统计年鉴及本书附录 2。

行政管理支出的高速增长对居民消费有以下不利影响:首先,大额刚性支出的存在、消费环境的制约都与公共设施投资、医疗与社会保障等公共服务不到位有关。如果政府自身运转的成本质优价廉,那么用于公共服务的支出就会上升,从而大额刚性支出的存在与消费环境的制约都会弱化。政府自身运转的成本可以用行政管理支出占财政支出的比重来衡量。其次,政府消费支出对居民消费的影响,也与政府自身运转的成本有关。如果政府能加大公共服务方面的支出,那么对居民消费具有挤入效应。反之,如果政府加大自身行政管理支出，那么对居民消费具有挤出效应。所以，政府行政管理支出占财政支出的比重越高，居民消费率越低。为考察这一负相关关系的假设是否具有一定的科学性，首先，作相关系数的显著性检验。利用 1978—2011 年的数据求出居民消费率(居民消费支出占支出法 GDP 的比重，Y_t)和行政管理支出占财政支出的比重(X_{2t})，得到它们的相关系数约为 -0.697，对该相关系数进行如下显著性检验(显著性水平为 5%)：

$$t = \frac{r\sqrt{n-2}}{\sqrt{1-r^2}} = \frac{-0.697\sqrt{34-2}}{\sqrt{1-(-0.697)^2}} \approx -5.496 < -t_{\alpha/2,34} = -2.03 \tag{4-1}$$

这说明，在 5% 的显著性水平下，拒绝了相关系数为 0 的虚拟假设，接受了相关系数为负的对立假设。所以，样本区间上(即 1978—2011 年)的居民消费率与行政管理支出占财政支出的比重之间存在显著的负相关关系。

其次，可尝试建立一个合适的回归方程，考察行政管理支出占财政支出的比重这一变量前系数的显著性和整个方程的显著性。出于消费惯性的考虑，不妨假设居民消费率的调整是一个部分调整模型(partial adjustment model)，形式如下：

$$Y_t = \alpha_1 + \alpha_2 Y_{t-1} + \alpha_3 X_{2t} + u_t \tag{4-2}$$

式中，Y_{t-1} 为居民消费率的滞后项。约翰逊(J. Johnson)已经证明[76]，部分调整模型的 OLS 估计将给出一致性估计，尽管这些估计在小样本中有偏误的倾向。部分调整模型中各经济变量的统计特性见表 4-9。当然，由于模型中所使用的是时间序列的数据，为防止谬误回归，首先要对模型中的所有变量进行平稳性检验。考虑到平稳性检验的结论与其滞后期数有关，为此，我们在做每一次检验时，都以 SIC 准则来选取滞后期数(Automatic-based on SIC)，最大滞后期数设为 6(maxlag = 6)，检验的具体结果见表 4-10。

表 4-9　部分调整模型中各经济变量的统计特性

变量	均值	标准差	最小值	最大值	偏度	峰度
Y_t	0.453063	0.056017	0.349436	0.524657	-0.605625	2.162700
X_{2t}	0.131493	0.043495	0.047144	0.193843	-0.397721	2.104441

表 4-10　部分调整模型中各经济变量的单位根检验结果

变量	检验类型(C, T, K)	ADF 值	5%临界值	检验结论
Y_t	(0,0,0)	-1.952490	-1.951332	平稳
Y_{t-1}	(0,0,0)	-2.008036	-1.951687	平稳
X_{2t}	(0,0,1)	0.432744	-1.951687	不平稳
X_{2t}	(C,0,1)	-2.172901	-2.957110	不平稳
X_{2t}	(C,T,0)	-0.194386	-3.552973	不平稳
ΔX_{2t}	(0,0,0)	-3.530726	-1.951687	平稳

注：C 表示常数项，T 表示趋势项，K 表示滞后阶数。

由表 4-10 可知，Y_t、Y_{t-1} 是平稳时间序列，而 X_{2t} 是一阶单整时间序列，需要对式(4-2)作协整检验。将式(4-2)变形为：

$$u_t = Y_t - \alpha_1 - \alpha_2 Y_{t-1} - \alpha_3 X_{2t} \tag{4-3}$$

以 SIC 准则来选取滞后期数，在最大滞后期数设为 6 的条件下，对 u_t 作单位根检验，发现它是平稳的(见表 4-11)，这说明，Y_t、Y_{t-1}、X_{2t} 的线性组合是平稳的，或者说，线性组合抵消了三个时间序列中的随机趋势，所以，对式(4-2)进行回归是有意义的。式(4-2)的回归结果如下。

$$Y = 0.0471057906539 + 0.939088630215*Y(-1) - 0.174402322057*X_2 \tag{4-4}$$

se = (0.25261)　　　　　　(0.043152)　　　　　　(0.056205)

t = (1.864796)　　　　　　(21.76236)　　　　　　(−3.102969)

p 值 = (0.0720)　　　　　　(0.0000)　　　　　　(0.0042)

Adsuted R2 = 0.968128　　　DW = 1.459023　　　F = 487.0130

可以发现，变量前系数的 T 检验通过，整个方程的拟合优度较好，且整个方程的显著性检验(F 检验)通过，由于方程右边含有被解释变量的滞后项，所以 DW 值失效，应该使用 Durbin-h 统计量，

$$h = \left(1 - \frac{DW}{2}\right) \times \sqrt{\frac{n}{1 - n[\mathrm{var}(\alpha_2)]}} = 0.2704885 \times \sqrt{\frac{34}{1 - 34 \times 0.043152^2}} = 1.628 \tag{4-5}$$

在 $\rho = 0(\rho = 1-DW/2)$ 的虚拟假设下，h 渐进地服从标准正态分布。查表可知，在 5%的显著性水平下，$z_{0.025} = 1.96 > 1.628$，故不能拒绝虚拟假设，也就是自相关已消除。

式(4-2)的估计表达式(即式(4-4))显示：行政管理支出占财政支出的比重(X_{2t})对居民消费率(Y_t)有显著的负向影响，行政管理支出占财政支出的比重每上升 1 个百分点，居民消费率将下降 0.174 个百分点。

表 4-11　序列 u_t 的 ADF 检验情况

ADF 值	检验形式(C, T, K)	5%临界值	检验结论
−4.250655	(0, 0, 0)	−1.951687	平稳

注：C 表示常数项，T 表示趋势项，K 表示滞后阶数。

4.1.4　民生支出比重偏低

在对我国居民消费的现状分析中已经发现：城镇居民家庭的平均消费倾向(APC 城市)在过去 10 年里持续下降，而且边际消费倾向偏低。这说明城镇居民的储蓄倾向较大。如果能降低居民储蓄中的预防性储蓄部分，那么无论对提升城镇居民消费倾向还是农村居民消费倾

向都会有较大的促进作用。我国居民预防性储蓄的主要来源是住房、教育、医疗、养老等方面的大额刚性支出，所以，国家对住房、教育、医疗、社会保障等民生方面的支出应该详加考察。表 4-12 给出了近年来我国财政对民生方面支出的情况，可以发现，教育支出的比重波动较大，医疗卫生、农林水事务支出的比重上升比较明显，社会保障和就业略为下降，住房保障支出从无到有，增加较大，因而这五项之和稳步上升。这个方向是正确的，但力度可能不大，还难以有效降低居民的预防性储蓄。

表 4-12　近年来我国财政对民生方面的支出情况　(%)

民生项目＼年份	2007	2008	2009	2010	2011
教育	14.3	14.4	13.68	13.96	15.1
社会保障和就业	10.94	10.87	9.97	10.16	10.17
医疗卫生	4	4.4	5.23	5.35	5.89
住房保障支出	—	—	0.95	2.64	3.50
农林水事务	6.84	7.26	8.81	9	9.10
以上五项合计占比	36.08	36.93	38.64	41.11	43.76

资料来源：中国统计年鉴 2008—2012。

首先，教育方面的财政支出比重仍然没有得到有效的提升，近几年在 14%附近波动，以国际上广泛认同的教育公共支出(国际上分为教育私人支出和教育公共支出，后者基本对应我国教育方面的财政支出)占 GDP 的比重而论，2011 年我国 GDP 以当年价格计算为472115.0 亿元，以当年价格计算的教育方面的财政支出为 16497.33 亿元，占 GDP 的比重约为 3.49%，低于政府 4%的承诺[77]，虽然，2011 年我国教育方面的财政支出比重是近年来最高的。

从国际比较来看(见表 4-13)，2008 年同属金砖国家的巴西、俄罗斯、南非，其教育开支占 GDP 的比重均在 4%以上；新兴市场经济国家韩国的比重为 4.8%；发达国家如美国、加拿大、德国、澳大利亚也普遍在 4%以上；新兴市场经济国家泰国，其比重也有 3.8%，依然高于我国 2011 年的 3.49%。

表 4-13　2008 年世界主要国家教育公共支出占 GDP 的比重　(%)

美国	加拿大	德国	澳大利亚	泰国	韩国	南非	巴西	俄罗斯
5.5	4.8	4.6	4.4	3.8	4.8	5.1	5.4	4.1

资料来源：世界银行官方网站 http://data.worldbank.org.cn/indicator/SE.XPD.TOTL.GD.ZS，2012-8-30。

其次，用于社会保障和就业方面的财政支出比重偏低，且略有下降。由于计划生育 30多年的影响，老龄化社会已经到来(见图 4-1)，"421"家庭的逐渐增多，家庭的养老负担成倍增加，这将促使预防性储蓄愈演愈烈。所以，必须通过加大财政对社会保障和就业方面的支出来破解居民预防性储蓄的必要性，包括对社会保险基金的补助、补充全国社会保障基金、城市居民最低生活保障的提高、农村养老保障体系的完善等内容。

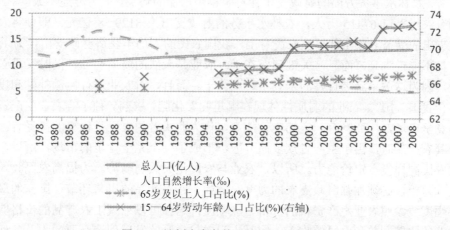

图 4-1　计划生育条件下的我国人口变化

　　第三，无论是城镇居民还是农村居民，医疗卫生支出都是刚性支出，为弱化居民因此而带来的预防性储蓄倾向，国家有必要在医疗方面给予更多的财政支持(见 3.2.2 小节)。用于医疗卫生方面的财政支出近年来虽然有比较明显的上升，但属于历史欠账的成份较大，"看病难，看病贵"以及"因病致贫，因病返贫"的现象尚未得到根本扭转。而且，与其他国家相比，仍然存在差距。以公共医疗卫生支出占 GDP 的比例而论，中国又一次处于比较低的水平。(世界银行对此的定义：公共医疗卫生支出由政府(中央和地方)预算中的经常性支出和资本支出、外部借款和赠款(包括国际机构和非政府组织的捐赠)以及社会(或强制)医疗保险基金构成。)从表 4-14 中可以发现，中国在金砖国家中，仅高于印度，低于巴西、南非、俄罗斯，同时低于韩国、泰国等新兴市场经济国家，更是大幅度地低于美国、加拿大、德国等发达国家。

表 4-14　2009 年世界主要国家公共医疗卫生支出占 GDP 的比重　　　　　(%)

美国	加拿大	德国	澳大利亚	泰国	韩国	南非	巴西	俄罗斯	中国	印度
7.9	7.5	8.6	5.6	3.3	3.5	3.4	4.1	3.5	2.3	1.4

　　资料来源：世界银行官方网站 http://data.worldbank.org.cn/indicator/SH.XPD.PUBL.ZS，2012-8-30。

　　第四，住房保障支出从微不足道到单列出来，并占到财政支出的 3.50%，这是一个很大的进步，充分显示了党中央、国务院对保障性住房的重视。但一方面，房价的步步高涨和收入分配的两极分化已经导致大多数农村生源的大中专毕业生、进城农民工、城市低保人口买不起房，迫切需要国家帮助；另一方面由于自 1998 年房改以来，我国在保障性住房方面的累计投入太少，而居住需求又是一个人生存的基本需求，国家必须得想办法为公民解决。所以，近几年住房保障支出方面的财政投入弥补历史欠账的色彩较浓。

第五，农林水事务方面的财政支出保持了稳步增加的势头，但力度还不太够。2010 年，我国拥有农村人口 67415 万人，农林水事务的财政支出为 8129.58 亿元，即使将农林水事务财政支出的受益对象全部算在农民身上，我国农民的人均年获得财政支出仅为 1206 元，其绝对量不能说太高，而且，关键问题在于：农业是天然的弱质产业，同时又是必须加强的行业，因为这关系到老百姓的米袋子、菜篮子。而且，对农业进行巨额补贴和投入的国家远不止我国一国[①]。农业的弱质性体现在哪里呢？化肥、农药、种子等农业生产资料市场是垄断竞争市场，厂商具有一定的定价能力，作为购买者的农民是价格的接受者；而当农民出售其农产品时，由于生产者众多而分散，形成了一个完全竞争的市场，所以，作为生产者的农民同样没有定价能力。所以，农业与农民是天然的弱势。为提高农民收入，缩小城乡收入差距，必须加强财政支农的力度。例如，在农产品的出售环节，国家的最低收购价上浮幅度要参照农业生产资料的价格上涨幅度，这样可以缩减工农产品的价格剪刀差，提高农业的比较利益和农民的收入，同时也为农村金融的发展创造必要的收益条件。在农产品的生产环节，对单个农民来说，农田水利、农业电力等基础设施建设具有公共品的特征，国家财政必须加大力度进行支持。这样，农民的生产成本将会降低，农产品的供给量将会得到扩大，既可以增加农民收入，又可以平抑城市物价。

4.2　制约我国居民消费需求的金融因素

如前所述，前人在扩大居民消费需求的金融政策研究中，都是把充裕的货币供给作为既定前提来展开研究的。而现在的利率、汇率等金融指标使充裕的货币供给成为一个疑问。

为此，首先需要探讨的是我国的货币供给是否充足。货币供给不足，对居民收入和消费都有极大的负面影响。马寅初[78]曾在其名著《通货新论》中谈到："在极和缓及极有限的膨胀情形下，一部分人固不免损失，然就整个经济情形论，尚能发荣滋长。若在紧缩情形之下，一部分人固然获利，整个经济情形则日陷萧条，损失更大。"可以想象：第一，一旦经济不能保持一定的增速，那么居民收入的增速就是无本之末，而要使居民收入的增长比 GDP 的增长更快一些，财政收入比 GDP 的增长更慢一些，从而调节政府与居民的收入分配，就会面临更大的困难。第二，货币供给对消费的负面影响还会通过拉高利率促使股票市场下滑，从而降低居民的财产性收入。例如，5% 的信贷利率对应 20 倍的股市市盈率

---

① 1986 年起，所有的政策性补贴都已列在相应的财政支出中，之前是冲减当年财政收入的。

(5%的利率相当于以每股 20 元的价格买入每股收益为 1 元的股票),而如果利率从 5%上涨到 10%,市盈率就变为 10 倍,对应的股价就要下跌一半,此时如果上市公司受宏观经济下滑的影响,每股收益也下降,那么要维持 10 倍的市盈率,股价就要下降更多。第三,利率的提高相当于抬高信贷门槛,因而还会强化居民消费时所面临的流动性约束。第四,正在进行之中的利率市场化进程也离不开充裕的货币供给(详尽的分析见 6.2 节)。

其次,随着我国股票市场规模的逐步扩张,我国居民通过股票账户、基金账户和分红险等保险账户已经深度介入到我国的股票市场中来。股票市场的涨跌和波动对居民收入和消费的影响也越来越大。过去六年,股票市场的糟糕表现也是制约我国居民消费的一个重要金融因素。

第三,对商业银行监管标准的提高和消费信贷资产证券化仍未积极开展等因素,不利于鼓励商业银行积极发放消费信贷,对居民消费也有一定的制约作用。

最后,我国人寿保险市场的规模仍然偏小,而且纯保障型保险产品实现的保费收入偏低,这两者都限制了人寿保险在降低居民支出不确定性上的作用的发挥。

4.2.1　货币供给不足

货币是否超发是最近几年学术界争论的焦点,我国央行也是基于对货币超发的警惕而采取了相对紧缩的货币政策,力求保持货币供求的紧平衡。我国商业银行的存款准备金率自 2007 年下半年至今仍维持在 20%左右的高位波动。但是以下的分析表明,从中长期来看,中国不存在货币超发;从当前的货币金融指标来看,中国在过去几年的货币供给是不足的。

1. 从中长期来看,中国不存在货币超发

马寅初[78]曾对费雪(Irving Fisher)的货币数量说有非常中肯的分析。他认为:"货币数量说少实用上之价值,惟就长期言之,其功用始稍显著,此为货币数量说最大之贡献。"依据费雪交易方程式:

$$MV = PT \tag{4-6}$$

式中,M 为货币数量;V 为货币流通速度;P 为物价;T 为交易量。

费雪交易方程式中的这四个变量只需探讨其中的三个就可以了。对货币数量、货币流通速度、物价、交易量四个变量进行比较发现,除货币流通速度之外,其他三个变量都有统计资料上的依据,故可抛开货币流通速度,专心研究其他三个变量。

1) 对交易量的探讨

交易量 T 不妨用当年的国内生产总值 GDP 来表示,记作 Y。由于中国货币化进程尚未完成,当年的交易量不仅包括当年的 GDP,还要包括历史上未进行货币化交易而又需要在当年进行货币化交易的那些国内生产总值。这里不妨把它们记作 ΣYNt,其中 YN 表示未进行货币化交易又需要在当年进行货币化交易的那些国内生产总值,t 表示历史年份。

中国货币化进程未完成的理由何在？邹至庄(Gregory C.Chow)指出[79]，在计划经济时期，一些消费品的价格定得很低，以便确保每个家庭能够买得起所规定的购买数量。城市住房租金非常低，食品价格也很低。比较低的价格意味着比较低的货币需求，从而只需要较低的货币供给。除了计划经济时期我国对货币的需求被大大压缩这一点之外，1998年以来，我国进行了住房、教育、医疗、养老保险等方面的改革，这些原来廉价供应的重大民生商品与服务走向了商品化、市场化、货币化，由此也导致了居民货币需求的快速提高。张文(2008)[80]认为，转轨时期经济货币化进程继续深入，产品的货币化虽已结束，但企业资产、土地、房地产和其他一些生产要素的货币化进程仍在进行当中，货币供给的高增长率不仅不会引起通货膨胀，反而恰恰满足了经济发展的合理货币需求。周立等(2010)[81]沿着张文要素货币化的思路进一步拓展，提出了资源资本化的分析框架。周立等认为，政府通过政策推动甚至主动参与，将自然资源、劳动力资源、资金要素、技术要素、管理要素等资源和要素不断地推向市场，使得各类资源持续被货币化。大量投放的基础货币，被资源资本化进程所吸收，所以没有带来通货膨胀。随着经济转轨的继续推进，在资源资本化推动的 M2 增速低于 GDP 增速之前，中国高速的货币投放仍将继续。本书认为，对于中国这样一个人口和区域上的大国，由于过去非货币化、低货币化持续的时间较长，住户部门、国家的总体负债率都比较低，未来将会不断有新货币化因素加入，所以，货币化进程至少需要几代人的时间才能完成。例如，那些原来不能公开交易，将来可以公开交易的各类实物资产、无形资产、未上市公司股权，包括农村集体土地、农民宅基地、城市共有产权住房，即将开展的新三板市场，现有股票市场的扩容等，这些因素都会大幅度增加当年的货币交易量，但只会少量地增加当年的 GDP。

还有，庞大的地下经济所支付的货币已经包含到流通中现金中，因而包含到 M2 里面，而它所创造的产值应该包括到 GDP 中来，但却没有包括。如果将地下经济产生的 GDP 记作 Y'，则 $T=(Y+\Sigma YNt+Y')$。仅凭 M2/GDP 的值较高就认定我国货币超发是不对的，至少还应该看 $M2/(Y+\Sigma YNt+Y')$ 的值。

2) 对货币数量的研究

曾刚(2012)[82]区分了两个概念：一个是理论分析角度的货币；一个是统计视角的货币。理论分析角度的货币看起来很清晰，但种类繁多。为便于研究，经济学家又创造出了统计视角的货币，但由于信用结构不稳定，在过去几十年，各国统计货币量与经济之间的关联早已变得松散且不确定。在费雪货币数量说框架下进行分析，一般使用 M2 这种统计视角的货币来研究，按曾刚的观点，这种分析没有什么意义。但曾刚的研究促使我们沿着他的研究视角进一步拓展，那就是，对 M2 而言，即使都是统计视角的货币，由于制度的差异，其各自的自由度不同，如需对比，则必须消除各自的制度差异。可以看到，中国和美国同样的 M2，可以自由在经济中流通、周转从而发挥作用的比例不同，所以，要完成同样的

GDP，中国比美国需要更多的 M2。首先，中美存款准备金率不同、机制不同。虽然在各自央行的统计里面都体现为 M2，但各自 M2 的自由度不同。美联储的存款准备金率比较低，且对存款分类别征收，还存在随存款增长的向上调整机制，这给了美国银行业很大的经营自由度，降低了银行的经营负担，同时，使得美国银行所缴纳的存款准备金远远低于对所有存款都要求缴纳存款准备金的中国同业(见表 4-15)。另外，在银行存款的交易账户这一类型中，美国银行仅需对交易账户净值缴纳存款准备金，而不是如我国一样对存款余额缴纳存款准备金。交易账户净值与存款余额是不同的，交易账户净值是一个人或机构在所有银行各类存款等资产项目扣除各类欠款等负债项目之后的净值。例如，如果一个人的所有银行交易账户中拥有存款之和为 1 万元，但同时使用某一张信用卡刷卡 1.2 万元，那么他需要在下一个月归还银行 1.2 万元，如果此人在中国，那么银行当月须为他的 1 万元存款缴纳 0.2 万元存款准备金，而在美国，美国银行则不需要为他缴纳 1 分钱，因为其交易账户净值为负数。

表 4-15　美联储的法定存款准备金要求
(Reserve Requirements by Federal Reserve System)

负债类型 (liability type)	法定准备金占负债百分比 (% of liabilities)	开始生效的时间 Effective date
交易账户净值[1] Net transaction accounts	0	2012-12-27
$0 million to 12.4 million[2]	3	
More than 　$12.4 million to[3] 79.5 million		
More than 　$79.5 million	10	
非个人定期存款 Nonpersonal time deposits	0	1990-12-27
欧洲货币负债 Eurocurrency liabilities	0	1990-12-27

注：(1) 交易账户净值等于所有的交易账户减去对其他存款机构的欠款数量(amounts due from other depository institutions)后再减去收集账户过程中的现金项目(cash items in the process of collection)。所有的交易账户包括非付息支票账户(相当于我国的活期存款)、自动转账服务账户(automatic transfer service accounts, ATS)、NOW 账户、股本汇票账户(share draft accounts)、电话或预授权的转账账户(telephone or preauthorized transfer accounts)、不合格的银行承兑汇票(ineligible bankers acceptances)等。

(2) 按 0 比例缴纳存款准备金的交易账户净值的数量(免除数量)每年都需要调整。这个免除的数量以所有存款机构应提取存款准备金的负债总和过去一年增长量的 80% 向上调整。如果此类负债下降，则不作任何调整。

(3) 按 3%比例缴纳存款准备金的交易账户净值的数量是低储备部分。按照法令,低储备部分的上限按照所有存款机构持有的交易账户净值增长或减少的 80%每年进行调整。

资料来源:美联储官方网站 http://www.federalreserve.gov/monetarypolicy/reservereq.htm, 2012-12-21。

除了美国,欧洲中央银行也针对吸收存款的机构制定了法定准备金要求,这些机构所吸收的支票存款和其短期存款需要保有 2%的准备金,存入其在国内中央银行的准备金账户中[83]。反观中国,中国央行对所有存款均有高达 20%的存款准备金率,这使得只有 80%的 M2(流通中现金 M0 占 M2 的比重在 5.8%左右,流通中现金没有存款准备金,所以,80%为近似表示)发挥作用。从个人角度来讲,虽然活期或定期存款可以自由支取,但全国作为一个整体,用以衡量货币供给的 M2,它的银行存款部分已经被锁定 20%,商业银行不能以贷款等任何方式使用这部分银行存款。这 20%的存款准备金究竟有多少比例是属于中国央行所说的应对热钱流入的“池子”[84],对于本书所考察的中美 M2 的差异来说,已经不重要了,重要的是这些存款资源已经被中国央行锁定,没有进入社会资金与货物的循环流通当中。

其次,中美对商业银行的监管政策不同,美国对商业银行并没有贷存比的要求,而中国对商业银行有 75%的贷存比要求,具体地说,就是商业银行贷款余额与其存款余额的比例不得超过 75%,这就限制了中国 M2 作用的发挥。1995 年 5 月 10 日,《中华人民共和国商业银行法》首次颁布以来,贷存比就一直作为中国人民银行监控商业银行“三性”(安全性、流动性、效益性)的重要指标之一。2003 年 12 月 27 日十届人大常委会第六次会议修改《商业银行法》时,这个指标得以保留,列在商业银行贷款所应当遵守的资产负债比例管理的条目下。2010 年,中国银监会对四大国有控股商业银行实施了“腕骨”监管体系,在七大类 13 项指标的流动性指标中,也有“贷存比”的监管指标,并根据各行的情况有“一行一策”的具体设定。从 1995 年至今,贷存比的最大上限为≤75%,并且对各类商业银行都适用。中国 M2 中,流通中现金仅占 5.8%左右,其他部分均为存款资源。由于受到贷存比的约束,这些存款资源的作用发挥与美国存款资源的作用发挥已不可比。

3) 对物价的研究

正如马寅初所指出的[78],物价实有两方面之关系,一为货币之关系,一为成本之关系,非源于货币。从表 4-16 中可看出,自 1990 年到 2011 年,工业生产者购进价格指数(PPI)上涨到 379.3%,而同期居民消费价格指数(CPI)仅上涨到 261.1%。从年均涨幅来看,CPI 为 $2.611^{1/21} - 1 = 0.04676 = 4.676\%$,PPI 为 $3.793^{1/21} - 1 = 0.06555 = 6.555\%$。可以说,CPI 的年均涨幅是温和的,PPI 的年均涨幅比同期 CPI 的年均涨幅大得多,前者比后者高约 2%。这些数据表明,我国货币供给过多并没有使物价大幅度走高,因此我国的物价上涨受成本推动的因素较大。工业生产者购进价格指数中的铁矿石、原油、煤炭、铜、铝等国际性大宗商品,我国并没有定价权。虽然说中国是在开放经济体系下运作,但整个地球是一个封闭的经济体系,所以,这些国际性大宗商品的价格上涨,与国际储备货币的大量发行和地球人均资源的占有量下降有关,与我国的货币供给无关(人民币暂时不是国际储备货币)。所以,也不支持由于我国货币供给过多而导致 PPI 大幅上涨一说。

表 4-16 1995 年以来 CPI、PPI 的定基指数(1990 = 100)

年份	CPI	PPI	年份	CPI	PPI
1995	183.4	222.9	2004	210.6	260.0
1996	198.7	231.6	2005	214.4	281.6
1997	204.2	234.6	2006	217.7	298.5
1998	202.6	224.7	2007	228.1	311.6
1999	199.7	217.3	2008	241.5	344.3
2000	200.6	228.4	2009	239.8	317.2
2001	201.9	227.9	2010	247.7	347.7
2002	200.3	222.7	2011	261.1	379.3
2003	202.7	233.4			

资料来源:中国统计年鉴 2012。

由以上的分析可知,一方面,由于我国货币化进程尚未完成,需要进行货币化交易的不仅是当年的 GDP,还要包括历史上未进行货币化交易而又需要在当年进行货币化交易的那些国内生产总值,还要包括庞大的地下经济;另一方面,我国的 M2 由于远高于美国的存款准备金率和 75%的贷存比限制,其自由度大大下降,从而使我国的 M2/GDP 被完全高估。另外,从以 1990 年为基期的物价走势以及 CPI 与 PPI 之间的对比来看,没有看到由于高速的国内货币投放带来的物价上涨。所以,费雪(Irving Fisher)货币数量说框架下的分析表明:我国不存在货币超发的现象。

2. 当前的货币金融指标昭示我国货币供给不足

从供求关系上来看,M2 的绝对量较大并不能说明货币超发,仅能说明我国货币供给量较大,因为,也存在我国货币需求量更大的可能性。所以,不妨从反映货币供给与需求的货币金融指标来观察我国货币供给是超发还是不足。从当前货币金融指标来看,我国高速的货币投放仍有继续的必要,我国当前的货币供给不是超发,而是不足。货币供求的一个重要指标是利率,尤为重要的是上海银行间同业拆放利率(Shibor)。银行贷款平均加权利率、民间借贷利率等其他利率,理论上可以转化为在此基础上加上相应的风险回报率。可以看到,几乎是任何一天,上海银行间同业拆放利率远远高于其他地方的同业拆放利率(见表4-17)。从单个交易品种的近几个月走势来看,资金利率也一直维持在高位,例如隔夜利率2012 年 6 月至 10 月一直围绕 2.7864%这样一个高水平波动(见图 4-2)。在我国这样一个以间接融资为主的国家，商业银行作为资金流动的主动脉，其拆入的资金利率越高，相应其贷款给企业和居民的利率就更高。无论是消费还是投资，都承受着较高的资金成本。

表 4-17　2012 年 12 月 5 日世界主要银行间同业拆放利率对比　　　　　(%)

	隔夜	1 星期	2 星期	1 个月	3 个月
Shibor(人民币)	2.25	2.8	3.217	3.8065	3.8347
Hibor(港币)	0.09714	0.12821	0.17821	0.27821	0.39750
Libor(美元)	0.16	0.1852	0.1949	0.213	0.3105
Libor(英镑)	0.48	0.48563	0.49250	0.49563	0.52188
Libor(日元)	0.09571	0.10357	0.11643	0.13371	0.18286
Euribor(欧元)	—	0.077	0.083	0.113	0.190

资料来源：招商银行一网通 http://fx.cmbchina.com/Bor/，2012-12-11。

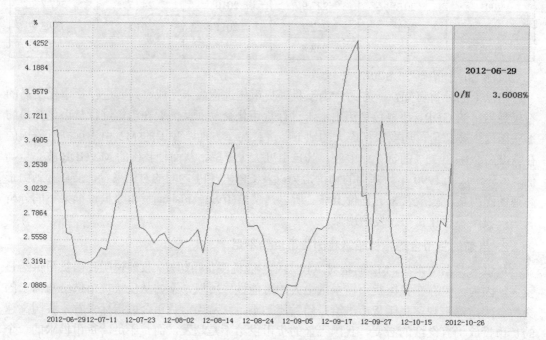

图 4-2　Shibor 隔夜品种走势图

资料来源：shibor 官方网站 http://www.shibor.org/shibor/shiborChartShow.do?termId=O/N，2012-12-11。

正如中国农业银行英国分行 CEO 闫海亭所分析[85]，资金价格(即利率)越高，说明一定有市场，找不到资金才会推高价格，资金很好找的话，价格不需要这么高。也就是说，货币供给低于货币需求，借款者被迫出高价融资以完成或继续其经济事业。但单纯的从利率高企的情况来看，还不能非常肯定地下结论说，货币供给不足，因为利率高企还有另外一种原因，那就是货币供给远超于货币需求，物价大幅上涨导致货币贬值，利率必须提高以弥补货币价值损失，所以还需要通过其他指标，例如物价、汇率来综合判断。

2012年12月9日，国家统计局发布2012年11月经济数据[86]，其中，居民消费价格指数(CPI)同比上涨2.0%，已连续6个月维持在2%左右的低位。到2013年3月，CPI依然维持在2%左右的低位(注：春节期间有季节性扰动)。当前，1年期银行贷款基准利率为6%，远远超越2%的物价上涨率。这说明，由于物价大幅上涨而导致货币贬值，利率必须提高以弥补货币价值损失的这种原因假说在目前不成立。

汇率方面，在通货价值下跌之过程中，其外价之跌落，往往较内价跌落之程度为速。反之，在通货价值上升之过程中，其外价之上升，必先内价而提高，这是因为，外汇为感应最灵之物。人民币的美元汇价自2005年7月21日汇改以来不断上升，近期的趋势依然是上升(见图4-3)，说明国内的货币供给并没有超过货币需求。如果国内货币供给大增，而货币需求不变，那么人民币的美元汇价必下跌。

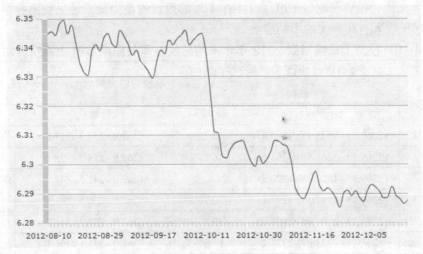

图4-3 人民币汇率中间价-对美元

资料来源：中国人民银行官方网站 http://www.pbc.gov.cn/publish/main/537/index.html，2012-12-11。

从以上的分析中不难发现，如果认为我国的货币供给远超货币需求的话，可以解释利率高企，但不能很好地解释物价的轻微上涨和人民币币值的大幅上升；反之，如果认为我国的货币供给低于货币需求的话，则一切皆可解释。由于货币紧缩，导致人民币币值大幅上升、利率高企，资金利率高，从而企业成本增加(劳动力成本上升也是因素之一)，成本上升推高了我国物价。另外，我国股市自2007年10月以来，持续5年多的熊市也是我国货币供给低于货币需求的一个很好证明。

4.2.2　股票市场的糟糕表现

中国股票市场自 1990 年 12 月开市以来取得了长足进步。1990 年上海证券交易所上市公司仅有 8 家，深圳交易所仅有 2 家，其流通市值占 GDP 的比重微不足道，而截至 2013 年 3 月 27 日，上海证券交易所有上市公司 954 家，流通市值为 137 448.83 亿元，深圳证券交易所有上市公司 1538 家，流通市值 52 897.7 亿元，两家交易所合并计算的流通市值占 2012 年 GDP 的比重为 27.48%，同一日，中国股票市场有效账户数为 1.3548 亿户[①]，中国居民尤其是城镇居民通过这些股票账户和其他的基金账户、投资连接险等保险账户已经深度介入到中国股票市场，股票市场的涨跌和波动对中国居民尤其是城镇居民的收入产生的影响会越来越大。中国股票市场近六、七年来呈现出牛短熊长与过度波动的特点，这两者都严重制约了中国居民来自股票投资的收入增长。表 4-18 给出了近几年来居民投资上证综指到 2012 年年末的总收益率与同期 CPI 上涨情况，可以发现，在长达 6 年的时间里，投资上证综指只有在 2008 年年末世界金融危机发生、股市严重暴跌时进行投资才能跑赢 CPI，其他 5 年年末进行投资都跑输 CPI，而且有 4 年的投资收益为负，足见我国股票市场的牛短熊长对居民收入有相当大的不利影响。

表 4-18　投资上证综指到 2012 年年末的总收益率与同期 CPI 上涨情况对比

投资时点	从投资时点到 2012 年年末上证综指的总收益率		从投资时点到 2012 年年末 CPI 上涨情况*	
	计算式	结果	计算式	结果
2006 年年末	(2269.13−2675.47)/2675.47	−15.19%	(267.9−217.7)/217.7	23.06%
2007 年年末	(2269.13−5261.56)/5261.56	−56.87%	(267.9−228.1)/228.1	17.45%
2008 年年末	(2269.13−1820.81)/1820.81	24.62%	(267.9−241.5)/241.5	10.93%
2009 年年末	(2269.13−3277.14)/3277.14	−30.76%	(267.9−239.8)239.8	11.72%
2010 年年末	(2269.13−2808.08)/2808.08	−19.19%	(267.9−247.7)/247.7	8.16%
2011 年年末	(2269.13−2238.7)/2238.7	1.36%	(267.9−261.1)/261.1	2.60%

*：CPI 使用 1990 年的定基指数来计算，其中 2012 年的定基指数为 2011 年定基指数×1.026，2.6%为国家统计局公布的 2012 年 CPI 环比上涨速度。

资料来源：上海证券交易所、中国统计年鉴 2007—2012。

股票市场的过度波动也非常不利于居民来自股票投资的收益增加，这相当于增加了居

---

① 相关数据资料来自上海证券交易所、深圳证券交易所、国家统计局、中国证券登记结算有限责任公司官方网站上的实时数据。

民在股票投资中的资金风险。中国股市的波动性极大。以上证综指为例，2007 年 10 月 16 日，上证综指创下 6124.04 点的高点后，一路下跌不回头，直到 2008 年 10 月 28 日上证综指创出了 1664.93 点的新低，一年左右的时间里，下跌幅度达到了惊人的 72.81%，其后经过约九个月的时间，又反弹至 2009 年 8 月 4 日 3478.01 点，上涨幅度为 108.9%，随之，又展开探底的熊市走势，直到 2012 年 12 月 4 日创出这一轮下跌的新低 1949.46 点才开展新一轮的反弹之旅。这轮再次探底的下跌幅度又达到了 43.95%。图 4-4 给出了我国上证综指自 2005 年 4 月至 2013 年 3 月这 8 年的月线图，可以看到上证综指的波动幅度较大。

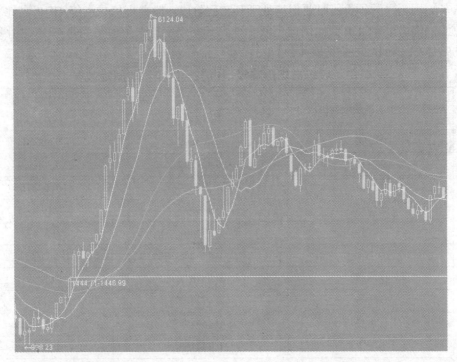

图片来源：通达信软件。

图 4-4　上证综指过去 8 年的月线图

由于股票投资到目前为止尚未"下乡"，在过去的时间里，股票市场的表现对城镇居民平均消费倾向的影响较大，对农村居民平均消费倾向的影响较少。为考察较长时间内，股票市场表现是否对我国城镇居民平均消费倾向有显著的正向影响，选取 1996—2011 年作为样本区间，在凯恩斯绝对收入理论的基础上，建立如下回归模型：

$$APC_t = \delta_1 + \delta_2 X_{1t} + \delta_3 STOCK_t \tag{4-7}$$

以下称这个模型为股票市场影响模型：这个模型是说，城镇居民某一年的平均消费倾向 (APC) 受到两个变量的影响：第一个是当年城镇居民可支配收入占当年城镇居民所创造的

GDP 的比重，用(当年)居民可支配收入占(当年)GDP 的比重(X_{1t})来代表；第二个是当年股票市场的表现，用股票投资年度收益率($STOCK_t$)来代表，相关原始数据见表 4-19。股票投资年度收益率是这样得来的：以上证综指的年末收盘点数减去其年初开盘的点数，再以这个差数除以上证综指的年初开盘点数。模型中各经济变量的统计特性如表 4-20 所示。理论预期上，如果居民可支配收入占 GDP 的比重越高，那么城镇居民的平均消费倾向越高，股票投资年度收益率越高，城镇居民的平均消费倾向也越高。

中国股票市场是 1990 年 12 月开市的，但为什么股票市场影响模型的样本区间选择从 1996 开始？因为之前年份的股票市场处于其初创阶段，股票市值与当年 GDP 之比较低，股票流通市值占当年 GDP 的比例就更低。到了 1996 年，股票市值与当年 GDP 之比终于突破了 10%大关，为 14.55%(见表 4-21)。

表 4-19　股票市场影响模型中各经济变量的原始数据

年份	城镇居民平均消费倾向(APC_t)	居民可支配收入占当年 GDP 的比重(X_{1t})	股票投资年度收益率($STOCK_t$)
1996	0.8100	0.464369	0.666503
1997	0.8111	0.464749	0.306369
1998	0.7984	0.46862	−0.045165
1999	0.7885	0.480032	0.193645
2000	0.7959	0.476408	0.51493
2001	0.774	0.475087	−0.207552
2002	0.7828	0.481812	−0.173918
2003	0.7685	0.472325	0.111036
2004	0.7623	0.455858	−0.151549
2005	0.757	0.444163	−0.079094
2006	0.7396	0.423464	1.298751
2007	0.7252	0.420032	0.92859
2008	0.7124	0.411672	−0.654167
2009	0.7141	0.419534	0.772366
2010	0.705	0.414853	−0.146415
2011	0.6951	0.421837	−0.221535

注：城镇居民平均消费倾向(APC_t)的计算公式见式(3-1)。

资料来源：各期中国统计年鉴。

表 4-20　股票市场影响模型中各经济变量的统计特性

变量	均值	标准差	最小值	最大值	偏度	峰度
APC_t	0.758744	0.038902	0.695100	0.811100	−0.245217	1.698739
X_{1t}	0.449676	0.026589	0.411672	0.481812	−0.250472	1.360589
$STOCK_t$	0.194550	0.516146	−0.654167	1.298751	0.580738	2.583966

表 4-21　早期中国股票市场的股票市值占当年 GDP 的比重　　　　(%)

年份	股票市值占 GDP 的比重	年份	股票市值占 GDP 的比重
1990	na	1995	5.94
1991	na	1996	14.55
1992	3.93	1997	23.54
1993	2.38	1998	24.57
1994	7.89		

资料来源：中国统计年鉴 1999。

　　由于股票市场影响模型中使用的数据为时间序列数据，根据计量经济学理论，首先要对模型中各变量进行平稳性检验。考虑到平稳性检验的结论与其滞后期数有关，为此，我们在做每一次检验时，都以 SIC 准则来选取滞后期数(Automatic-based on SIC)，由于模型中的观测值为 16，所以，最大滞后期数设为 3(maxlag = 3)，检验的具体结果见表 4-22。不过，由于样本观测值数不足 20，也许要谨慎对待 ADF 检验的临界值及其检验结论。

表 4-22　股票市场影响模型中各经济变量的单位根检验结果

变量	检验类型(C,T,K)	ADF 值	5%临界值	检验结论
APC_t	(0,0,1)	−4.548797	−1.968430	平稳
X_{1t}	(0,0,0)	−1.192852	−1.966270	不平稳
X_{1t}	(C,0,2)	−1.482935	−3.119910	不平稳
X_{1t}	(C,T,2)	−3.041456	−3.828975	不平稳
ΔX_{1t}	(0,0,0)	−2.368068	−1.968430	平稳
$STOCK_t$	(0,0,0)	−3.833535	−1.966270	平稳

　　注：C 表示常数项，T 表示趋势项，K 表示滞后阶数。

　　由表 4-22 可知，APC_t、$STOCK_t$ 为平稳时间序列，而 X_{1t} 为一阶单整的时间序列，因此需要对方程(4-7)进行协整检验。将式(4-7)变形为：

$$v_t = APC_t - \delta_1 - \delta_2 X_{1t} - \delta_3 STOCK_t \tag{4-8}$$

以 SIC 准则来选取滞后期数，在最大滞后期数设为 3 的条件下，对 v_t 作单位根检验，发现它是平稳的(见表 4-23)，这说明，Y_t、X_{1t}、$STOCK_t$ 的线性组合是平稳的，或者说，线性组合抵消了三个时间序列中的随机趋势，所以，对方程(4-7)进行回归是有意义的，回归结果如下：

$$APC = \quad 0.152666999233 + 1.34119042093*X_1 + 0.0152951844005*STOCK \qquad (4-9)$$

$$se = (0.074430) \qquad\qquad (0.164778) \qquad\qquad\qquad (0.008488)$$

$$t = (2.051161) \qquad\qquad (8.139383) \qquad\qquad\qquad (1.801899)$$

$$p \text{ 值} = (0.0610) \qquad\qquad (0.0000) \qquad\qquad\qquad (0.0948)$$

$$\text{Adjusted } R^2 = 0.812411 \quad DW = 1.007729 \quad F = 33.48101$$

$$(p \text{ 值} = 0.000007)$$

表 4-23　残差序列 v_t 的 ADF 检验情况

ADF 值	检验形式(C, T, K)	5%临界值	检验结论
−2.523340	(0, 0, 0)	−1.966270	平稳

注：C 表示常数项，T 表示趋势项，K 表示滞后阶数。

可以发现，变量 X_1 前系数的 T 检验通过，变量 $STOCK$ 前系数的 T 检验在 5%的水平上不显著，但在 10%的显著性水平上是显著的，整个方程的显著性检验(F 检验)通过。DW = 1.007729，在观测值个数 $n = 16$，解释变量个数=2 的条件下，DW 统计量的下限(d_L)和上限(d_U)分别为 0.982、1.539，1.007729 恰好落入了 DW 统计量的无决定域，所以不能采用 DW 统计量来判断模型中自相关的有无，必须采用其他检验方法。由于股票市场影响模型中的观测值有限，所以这里不采纳以大样本($n>30$)为前提的布劳殊-戈弗雷检验(BG 检验，也被称为 LM 检验)，而是采纳游程检验。

首先，把模型中的随机误差项(即残差项)记录如下：

0.024329, 0.030430, 0.017915, −0.010943, −0.003596, −0.012674, −0.013409, −0.019342, 0.000559, 0.009836, −0.000877, −0.005012, 0.017608, −0.013056, −0.001824, −0.019942

其次，作出假设。

H_0：样本是随机样本；H_1：样本不具有随机性。

第三，计算游程总数(R)。可以发现，"+"号的游程数为 3，"−"号的游程数为 3，总游程数为 6。

最后，确定拒绝域并作出判断。在正号出现次数 $N_1 = 6$，负号出现次数 $N_2 = 10$ 的条件下查"游程检验 R 临界值表"，得 5%显著性水平下的临界值 $R_1 = 4$，$R_2 = 13$，因为 $4 < 6 < 13$，所以接受 H_0。即模型的残差项无自相关。

股票市场影响模型的估计表达式(式(4-9))显示：在 10%的显著性水平下，股票投资年度收益率对城镇居民的平均消费倾向有显著的正向影响。股票投资年度收益率每上升 1 个百分点，城镇居民的平均消费倾向将上升 0.015 个百分点。也就是说，股票市场表现越好，城镇居民的平均消费倾向越高。可以想象，随着我国股票市场的进一步发展，股票市场对城镇居民的平均消费倾向的影响将会越来越大。

4.2.3　其他金融因素

1. 近年来对商业银行的监管标准趋严

经过外汇储备注资、引入战略投资者和公开上市以后，我国商业银行近十年在保持良好增速的同时，不良资产余额和比例连续实现双降。自 2003 年中国银监会成立以来，我国商业银行的监管标准也在逐年提升，尤其是在 2009 年 7 月以后。这在规范银行发展的同时也给整个经济和居民消费带来了一些负面影响。商业银行发放贷款时，不仅需要保持 75% 的贷存比，还要符合"三个办法一个指引"（《固定贷款管理办法》、《流动资金贷款管理暂行办法》、《个人贷款管理暂行办法》以及《项目融资指引》）中的相关规定，这些措施对贷款安全性的重视有余，而对包括消费贷款在内的贷款发放的激励不足。

中国银监会多次表示，应始终将保持银行业资本充足作为日常监管的重要方面来抓，应不断提出动态资本、动态拨备等一系列监管要求。2009 年 12 月，中国银监会发布《商业银行资本充足率信息披露指引》，在并表范围、资本构成、风险暴露评估等方面向国际惯例靠拢。一系列旨在加强对商业银行风险管理的"指引"频出[87]，对商业银行的监管标准日趋严厉。2013 年 1 月 1 日起施行的《商业银行资本管理办法(试行)》规定了我国各商业银行应当保持 8% 的最低资本要求、2.5% 的储备资本要求和 0～2.5% 的逆周期资本，国内系统重要性银行还应当计提 1% 的附加资本[88]，这大大超越了 2003 年 12 月 27 日开始施行的《中华人民共和国商业银行法》中资本充足率不得低于 8% 的规定。

可以较容易地分析出，对商业银行的监管标准趋严与央行收缩货币供给一样，都会使资金价格(即利率)变高，使资金供给规模变小，从而对经济产生收缩效应。由资本充足率=(总资本−资本扣除项)/风险加权资产×100% 可知，同样的银行资本在 8% 的资本充足率的要求下，可以支持 12.5 倍风险加权资产，而 11.5% 的资本充足率，就只能支持 8.6956 倍(约数)的风险加权资产。除此之外，通过大幅度提高监管资本工具的质量要求，包括各类资本工具合格标准、资本扣除项目等，可以缩小资本充足率的分子——资本，通过提高商业银行资产的风险权重，可以放大资本充足率的分母——风险加权资产，从而降低商业银行原有的资本充足率，迫使银行不断地补充自身资本，同时缩小银行的经营杠杆，对经济金融起到了紧缩效应。如果整个经济金融都在收缩，消费也难以独善其身。同时，利率的抬高，放大了居民消费时面临的流动性约束，增加了居民进行消费信贷时的成本，对居民消费起到了较强的紧缩效应。同时，利率的抬高增加了企业的借贷成本，最终影响居民收入，并抬高企业所提供产品或服务的价格，两者都对消费带来较为严重的不利影响。

2. 消费信贷资产证券化仍未积极开展

消费信贷资产证券化可以将商业银行发放的消费信贷转化为证券的形式向市场直接再融资，分散了商业银行所承担的消费信贷风险，盘活了商业银行的存量信贷资产，同时减少了消费信贷对商业银行资本的占用。消费信贷资产证券化为商业银行体系引入了较强的外部约束机制，通过严格的信息披露、市场化的资产定价，提高了信贷业务的透明度，促使商业银行加强风险管理，提升商业银行的运营效率。所以，消费信贷资产证券化的开展会大大提高商业银行发放消费信贷的积极性，从而缓解部分消费者面临的流动性约束，有利于扩大居民消费需求。

当前，我国消费信贷资产证券化受政策因素影响未能积极开展，这将不利于鼓励商业银行对消费信贷的发放，从而不利于流动性约束的缓解。中国的信贷资产证券化试点始于2005 年，由于全球金融危机的冲击，2009 年开始，国内信贷资产证券化陷入停滞。2012年 5 月，随着中国人民银行、中国银监会、中国财政部三部委联合下发《关于进一步扩大信贷资产证券化试点有关事项的通知》，第三轮资产证券化试点启动，额度约为 500 亿元人民币，试点银行和试点资产范围进一步扩大[89]。《关于进一步扩大信贷资产证券化试点有关事项的通知》明确规定[90]：信贷资产证券化入池基础资产的选择要兼顾收益性和导向性，既要有稳定可预期的未来现金流，又要注重加强与国家产业政策的密切配合。鼓励金融机构选择符合条件的国家重大基础设施项目贷款、涉农贷款、中小企业贷款、经清理合规的地方政府融资平台公司贷款、节能减排贷款、战略性新兴产业贷款、文化创意产业贷款、保障性安居工程贷款、汽车贷款等多元化信贷资产作为基础资产，开展信贷资产证券化，丰富信贷资产证券化基础资产种类。信贷资产证券化产品结构要简单明晰，扩大试点阶段禁止进行再证券化、合成证券化产品试点。

可以看出，消费信贷资产并不是第三轮资产证券化试点的主流基础资产，而且，500亿元的额度无论是相对于银行的信贷资产总量还是银行的消费信贷资产总量来说都太少了，这不利于鼓励商业银行积极发放消费信贷。

3. 人寿保险市场的规模偏小

医疗和养老是我国居民预防性储蓄的重要来源，除了加大医疗和社会保障方面的财政支出力度之外，人寿保险市场也可在这些方面起到难以替代的重要作用。居民购买人寿保险，降低了由于医疗和养老而带来的支出的不确定性，改善了居民的支出预期，减少了因此而增加的预防性储蓄，具有扩大居民现期消费和增加居民幸福感和安全感的重要功能。我国人寿保险市场发展迅速，但由于起步晚、基础差，从人寿保险公司保费收入占 GDP比重等多个指标来看，当前的规模仍然偏小，还难以起到扩大居民现期消费的作用。对此，中国保监会前主席吴定富(2011)也曾诚实地指出[91]："我国人均长期寿险保单持有量、医疗费用由商业健康保险承担的比例，远低于成熟保险市场的平均水平。"表 4-24 给出了我国人寿保险市场发展情况的主要统计指标，从中可以看出我国人寿保险公司保费收入从1997年的390亿元增加到2010年的10 501.1亿元，为1997年的26.9倍(不进行价格平减)，2011年小幅缩小，为9560.2亿元。我国人寿保险公司保费收入占GDP的比重从1997年的0.004776上升到2010年的0.026069，为1997年的5.46倍，2011年，由于保费收入的下降和GDP的增长，这一指标大幅下降到0.020527。不妨定义居民对人寿保险接受程度的指标为：人寿保险公司保费收入占居民可支配收入的比重(INSU)[①]，用它来体现居民究竟拿出多少比例的可支配收入来购买人寿保险。该指标从1997年的0.010276逐步上升到2010年的0.06284，2011年由于保费的下降和居民可支配收入的上升，该比例大幅下滑至0.048662。图4-5给出了居民对人寿保险接受程度的曲线图，形象地展示了其1997年以来的变化情况。

表 4-24　我国人寿保险市场发展情况一览表　　　　　　单位：亿元

年份	人寿保险公司保费收入(1)	GDP(2)	居民可支配收入(3)	保费收入占GDP比重 (1)/(2)	保费收入占居民可支配收入比 (1)/(3)
1997	390	81658.5	37950.70224	0.004776	0.010276
1998	750	86531.6	40550.43468	0.008667	0.018495
1999	879	91125	43742.93834	0.009646	0.020095
2000	990	98749	47044.77758	0.010025	0.021044
2001	1424	109028	51797.76976	0.013061	0.027492
2002	2274	120475.6	58046.64132	0.018875	0.039175
2003	3011	136613.4	64525.86394	0.02204	0.046663
2004	3194	160956.6	73373.28748	0.019844	0.043531
2005	3649	187423.5	83246.57816	0.019469	0.043834
2006	4061	222712.5	94310.6261	0.018234	0.04306
2007	4949.7	266599.2	111980.1118	0.018566	0.044202
2008	7338	315974.6	130077.9675	0.023223	0.056412
2009	8144.4	348775.1	146323.1114	0.023351	0.05566
2010	10501.1	402816.5	167109.6429	0.026069	0.06284
2011	9560.2	465731.3	196462.5823	0.020527	0.048662

资料来源：各期中国统计年鉴。

[①] 人寿保险公司保费收入有来自企事业单位为其成员投保的团体险，不完全来自居民个人，但作为一个衡量指标，不失其在年度之间的可比性。

图 4-5 居民对人寿保险接受程度的变化

我国的人寿保险市场，除了规模偏小外，已实现的保费收入中，兼顾投资和保障的分红险、万能险、投资连接险等险种都是人寿保险市场的绝对主角，纯保障型保险产品实现的保费收入偏低，这也限制了人寿保险保障功能的发挥。我国主要的保险公司之一——中国平安，于 2013 年 3 月 15 日发布其 2012 年年报[92]，其中给出的寿险业务按险种的保费规模数据及占比(见表 4-25)，可以佐证这一点。

表 4-25　中国平安 2012 年寿险业务按险种的保费收入及占比

险种	保费收入(人民币百万元)	占比(%)	是否兼顾投资与保障
分红险	98, 229	49.2	是
万能险	67, 866	34	是
长期健康险	12, 251	6.1	否
意外及短期健康险	8, 326	4.2	否
传统寿险	8, 173	4.1	否
投资连接险	2, 865	1.5	是
年金	1, 773	0.9	是
合计	199, 483	100%	

资料来源：中国平安年报，2013-03-15。

4. 利率市场化

2012 年是我国利率市场化进程中的重要一年。2012 年 6 月 7 日，中国人民银行在下调金融机构人民币存贷款基准利率 0.25 个百分点的同时，决定调整金融机构存贷款利率浮动区间[93]，自 2012 年 6 月 8 日起：(1) 将金融机构存款利率浮动区间的上限调整为基准利率的 1.1 倍；(2) 将金融机构贷款利率浮动区间的下限调整为基准利率的 0.8 倍。此举表明：中国的利率市场化迈出到目前为止最为关键的一步，利率的完全市场化已指日可待。利率市场化是我国金融改革的一个里程碑，商品价格市场化之后，要素价格的市场化将逐次展开，资金要素的价格市场化，即利率市场化将对我国经济金融影响深远。

与其他的财税金融因素一样，利率市场化将对居民消费的影响要通过利率市场化对居民收入、居民收入的不确定性或大额刚性支出、居民面临的流动性约束、居民间的收入分配差距等方面的影响来体现。由于利率市场化对中国是一个新生事物，本书将在 6.2 节中详尽研究利率市场化对居民消费的影响，以及为何要在货币充裕的前提下积极开展利率市场化。

4.3　本章小结

在对我国居民消费现状分析的基础上，本章着重研究制约我国居民消费需求的财税金融因素。对每一个可能的财税金融方面的制约因素，不仅进行理论分析，还尽可能地进行模型构建与实证检验。

其一，应用 1978—2011 年的时间序列数据对居民消费率和居民可支配收入占 GDP 的比重进行了格兰杰因果关系检验，发现它们之间有双向的因果关系，所以，降低财政收入的增长速度从而降低财政收入占 GDP 的比重就显得很有必要。降低财政收入占 GDP 的比重为居民可支配收入占 GDP 的比重提供可能的上升空间，从而为居民消费率的提供可能的上升空间，而根据居民消费率和居民可支配收入占 GDP 的比重的双向因果关系，居民消费率的提高又促使居民可支配收入占 GDP 的比重的提高，如此形成一个正反馈。

其二，应用描述统计的方法发现，我国的税制结构调节收入分配的效力非常弱。具有累退效应的间接税比重占据税收收入的半壁江山以上，直接税税种里面，由于企业所得税占据绝对主导地位，契税没有深入到土地与房屋权属的持有环节，房产税没有采用累进制，遗产税与赠予税都尚未开征，调节居民收入分配的税种只有个人所得税，且其占税收收入的比重较低。

其三，理论上分析，行政管理支出的高速增长对居民消费有较多的不利影响。为此，本章首先通过相关系数的显著性检验，证明了行政管理支出占财政支出的比重与居民消费率存在显著的负相关关系；其次，本章构建了一个部分调整模型，利用 1978—2011 年的时间序列数据，证明了行政管理支出占财政支出的比重对居民消费率有显著的负影响，行政管理支出占财政支出的比重每上升 1 个百分点，居民消费率将下降 0.174 个百分点。

其四，应用描述统计的方法发现，我国民生方面的财政支出比重近年来有所增加，但从国际比较和人民的需要来看，比重仍然偏低，还难以有效降低居民的预防性储蓄。教育方面的财政支出占 GDP 的比重未能达到政府 4% 的承诺，社会保障和就业方面的财政支出所占比重近年来略有下降，用于医疗卫生、住房保障、农林水事务等方面的财政支出比重仍有待提升。

其五，充裕的货币供给对居民消费至关重要。应用理论分析方法，在长期动态的费雪货币数量说框架下，逐一考察了我国中长时期的交易量、货币数量和物价，证明了中国货币超发的不存在；从当前的货币金融指标来看，运用反证法，证明了我国当前的货币供给是不足的。

其六，通过构建一个股票市场影响模型，利用 1996—2011 年的时间序列数据，证明了股票市场的糟糕表现对居民消费有显著的不利影响，在 10% 的显著性水平下，股票投资年度收益率每上升 1 个百分点，城镇居民的平均消费倾向将上升 0.015 个百分点。

其七，应用理论分析的方法，研究了其他金融因素对居民消费的制约作用。包括：

(1) 对商业银行监管标准的提高，它相当于货币紧缩；

(2) 消费信贷资产证券化仍未积极开展，这不利于鼓励商业银行对消费信贷的发放，从而不利于流动性约束的缓解；

(3) 人寿保险市场的规模偏小，且已实现的保费收入中纯保障型保险产品实现的保费收入偏低，这两者都限制了人寿保险保障功能的发挥。

第 5 章　扩大居民消费需求的财税政策

前面已分析，制约我国居民消费需求的财税因素包括财政收入的高速增长、税制结构不合理和财政支出结构不合理，财政支出结构的不合理包括行政管理支出的高速增长和民生方面的支出比重偏低两个方面。所以，扩大居民消费需求的财税政策要围绕以上几个方面来展开。

5.1　降低财政收入的增长速度

根据财政部制定的《2009 年政府收支分类科目》中的内容规范，我国财政收入的形式主要有六类：101 的税收收入、102 的社会保障基金收入、103 的非税收入、104 的贷款转贷回收本金收入、105 的债务收入、106 的转移性收入。与居民负担相关的是税收收入和非税收入。所以，降低财政收入水平的有效方式主要有：① 强化管理，对政府非税收入进行清理整顿，降低非税收收入水平，并将其全部纳入财政预算进行管理；② 直接或者间接降低税收收入，通过调整税制结构来完成(见 5.2 节)；③ 降低国家财政支出水平，只有降低国家财政支出水平，国家财政收入增长速度的降低才是可持续的(见 5.3 节)；④ 对国有土地使用权出让金收入(以下简称土地出让金)这一特殊的非税收入项目，由于其对居民消费的影响较大，单列一部分内容对其进行研究(见 5.1.2 节)。

5.1.1　整顿非税收入

政府非税收入[①]是指除税收以外，由各级政府、国家机关、事业单位、代行政府职能的社会团体及其他组织依法利用政府权力、政府信誉、国家资源、国有资产或提供特定公共服务、准公共服务取得并用于满足社会公共需要或准公共需要的财政资金，是政府财政收入的重要组成部分，是政府参与国民收入分配和再分配的一种形式。非税收入涉及面很广，其中纳入预算内的有 7 类：

(1) 专项收入，例如排污费收入、水资源费收入、教育费附加收入、矿产资源补偿费

---

① 见 2004 年 7 月《财政部关于加强政府非税收入管理的通知》(财综[2004]53 号)。

收入等；

 (2) 行政事业性收费收入；

 (3) 罚没收入；

 (4) 国有资本经营收入；

 (5) 国有资源(资产)有偿使用收入；

 (6) 政府性基金收入；

 (7) 其他收入。

 我国中央政府非税收入的绝对金额和相对占比均比较低，例如 2010 年，中央政府非税收入为 1979.17 亿元，税收收入为 40509.30 亿元，前者与后者相比为 4.9%。但地方政府非税收入的相对比重和绝对金额均居高不下，多年来非税收入与税收收入相比，约为 24%，2011 年还有较大的提高(见表 5-1)。我国企业的税收负担还不太重，但加上非税负担就显得很重了，尤其是考虑到相当比例的非税收入是不合法的，并没有上缴国库，没有体现在统计数据当中。所以，整顿非税收入势在必行。整顿非税收入并不是要取消非税收入，而是要清理不合法的非税收入项目，降低合法的非税收入项目的征收金额，切实减轻纳税人负担。

表 5-1 我国地方政府的税收收入与非税收入   单位：亿元

年份	税收收入	非税收入	非税收入与税收收入之比
2007	19252.12	4320.50	22.4%
2008	23255.11	5394.68	23.2%
2009	26157.44	6445.15	24.6%
2010	32701.49	7911.55	24.2%
2011	41106.74	11440.37	27.8%

 资料来源：中国统计年鉴 2008—2012 年。

 不合法的非税收入的主要来源是：一些部门为了获得更多可支配资金，在未经审批或者越权审批的情况下，以政府性文件等形式设立收费项目、提高收费标准、扩大收费范围。由于其不合法，相当比例的非税负担并没有落入地方财政收入当中，而是落入了部门的小金库、行政执法部门个人手中。这就使得这些非税负担成了一个纳税人最糟糕的支出，也就是纳税人缴得多，而财政得的少，中间漏出大。

 虽然党中央和国务院一再要求规范非税收入管理制度，将政府非税收入纳入财政预算进行管理，而且政府非税收入管理制度经过改革已逐步走向规范化，但自始至终都没有形成一套完整而规范的管理制度。整顿非税收入，将非法的、越权的、不合理的非税收入取消，十分有利于降低居民和企业的负担，调整政府与居民、企业的分配比例，有利于经济发展、企业效益提升、居民消费提高。

如何整顿非税收入呢？由于其牵涉到众多的小部门、小团体利益，所以不能让小部门、小团体自己来监督自己，必须将其放到阳光下，才能得到有效遏制。首先，赋予纳税人充分的申诉权，对该笔非税项目的金额大小、征收的必要性进行申诉，媒体可以发动群众进行广泛的讨论；其次，借鉴会计凭证的管理办法，征收部门要出具规范的财政票据，保留记录相当长的时间，并不得随意毁损；第三，借助网络和办公自动化系统，将每笔非税收入纳入到财政收入的记录当中，并通过预算体系支出，使其不能落入行政执法部门或个人手中；第四，对拒不接受监督或者有重大工作失误的非税收入的创设部门，要给与坚定而有力的惩罚；最后，对具有税收性质的非税项目，进行"费改税"的改革，这样可以减少非税收入的征收成本，相应减少财政支出。

5.1.2　以房产税代替土地出让金

从前面对我国居民消费现状的分析里面可以发现，住房对城镇居民而言是刚性需求。住房的刚性支出增加了城镇居民的预防性储蓄，降低了城镇居民的现期消费倾向，所以，住房问题必须重视。除了增加保障房之外，对商品房，政府也有可以努力的地方，例如，以房产税来代替土地出让金[94]。

(1) 以房产税代替土地出让金是地方政府与居民之间一个合意的金融交易。

从金融的角度来看，土地出让金类似于地方政府对购房的居民一次性地收取 70 年的税收。对地方政府而言，一次性的收入很高却不具有长期的可持续性(城市土地也许在 20 年内就售罄)；对居民而言，一次性的负担太重，不仅要进行长期的信贷，而且容易压缩其他消费，降低幸福程度；对银行而言，以短期的存款来支撑长期的贷款，存在期限错配的风险。所以，这并非是一个理想图景。

如果将土地出让金以房产税的形式在 70 年里逐年收取，那么可以看到另一幅画面：对地方政府而言，逐笔收取的房产税有利于来自土地的收入在地方政府的各个任期内平滑，既保证了提供地方公共产品所必需的税源，又避免了某一地方政府疯狂卖地、涸泽而渔的可能；对居民而言，将一次性支付的土地出让金转换为按年收取的房产税，使城市房价大大下降，可以大大降低居民购房的一次性支出，使其对非房产商品的消费大大攀升，从而提高其幸福程度；对银行而言，与房地产相关的长期信贷将会减少，而非房产商品的消费信贷将上升，这些消费信贷的期限将远远低于房地产，以短期的存款支撑短期的贷款，将会降低期限错配风险。

所以，以房产税代替土地出让金是地方政府与市民之间一个合意的金融交易，土地出让金对应的是一次性的大额收入与支出的现金流，而房产税对应的是逐笔、小额的收入与支出的现金流。

(2) 以房产税代替土地出让金之后将有力地扩大居民消费需求，并使中国经济的发展摆脱对房地产市场的依赖。

其一，住房的刚性支出增加了居民的预防性储蓄，降低了居民的即期消费倾向。没有买房的市民，高房价迫使他不停地储蓄；已经使用信贷购房的市民，需要在长达 20 年、30 年的时间里为银行偿还贷款，这势必压缩了其消费的能力与意愿。所以，当地方政府以房产税代替土地出让金之后，居民一次性的支出压力大为减轻，居民也将逐渐认识到，住房的价格是他能够支付的，不需要压缩其他消费，也不需要不停地储蓄，其消费的意愿与能力都将大大提高，相应带动服务业等第三产业的发展，使房地产业相关的 GDP 比重下降，从而使中国经济的发展摆脱对房地产市场的依赖。

其二，以房产税代替土地出让金之后，土地出让金退出历史舞台，房价不再发生因为周边新拍土地价格上涨而上涨的景象，相应阻止了房价上涨的一个源头，从而随着居民收入的不断增长，住房将成为一个可以完全承受的商品，而且其他商品的消费也将增加，社会矛盾因此而减少；同时，我国的 GDP 因虚高的房价而虚高的现象可以得以控制，我国的经济发展将逐步进入技术进步、产业升级的轨道，而不是依赖不断升高的房价来推高 GDP。

(3) 以房产税代替土地出让金之后，房地产市场将逐步摆脱混乱不堪的状态。

首先，没有一次性的高额土地出让收入的诱惑，行政性的强拆将消失，因为拆迁的矛盾在本任期，而房产税的获益只有很短的时间甚至不在本任期。

其次，以房产税代替土地出让金之后，房地产市场中的商品房市场将进入统购分销时代，保障房市场将进入统购统销时代。两者都是相当于地方政府统一购买土地，然后根据各房地产商上报的规划、容积率、建筑材料、施工质量等打分来选择房地产商开发，保证其基本利润，取消其超额利润。商品房由房地产商自主销售，而保障房由地方政府公开分配，这十分类似于建国后国家对资本主义经济的改造，也比较适合中国国情。

再次，如何实施以房产税代替土地出让金呢？为减少阻力并保持公平，可以采取增量改革的办法，对过去已经购买的含有土地出让金的房地产，只对商用的征税，对住宅不征税；对即将购买的不含有土地出让金的房地产，商用的在原来的基础上每年加征土地出让金的 1/50，住宅征土地出让金的 1/70，并使作为参照的土地出让金按照物价上涨的比率逐年调整，从而使每年以真实的不变价格征收。

最后，有人会提出，如果这样改革，那么地方政府已经形成的以土地出让收入为依托的融资平台和大额的长期信贷怎么处理？其实不难。因为房产税的收入类似于地方政府的偿债基金，这个现金流随着新建商品房的不断出售，每年都在稳步增加，完全可以逐步偿还银行贷款，其中存在的风险是在最初实行的一、二年里，来自房产税的现金流不能完全覆盖地方政府对银行的还款流，这可以通过银行对相关贷款进行展期、地方政府给予相关贷款银行以地方税收减免、财政存款、代发工资、现金结算等附加项目来完成。

5.2　调整税制结构

如前所述，所得税、财产税等直接税税种，其负担依富有之程度而累加，既符合公平原则，又具有收入再分配的职能。商品税这类间接税具有累退的特性，中低收入者的税收负担重于高收入者，整个社会的边际消费倾向会因税收的累退效应而降低。所以，要弱化居民间的收入分配不均等程度，扩大居民消费，就要增加直接税所占税收入比重，减少间接税所占税收入比重，减的税收总量要大于增的税收总量，以达到在调整税制结构的同时降低财政收入增速的功能。

5.2.1　增加直接税所占税收收入比重

直接税主要包括所得税和财产税两大类。与居民相关的所得税主要是个人所得税、社会保险税。社会保险税是一种以工薪所得为课税依据征收的主要用于社会保险的税种，由于其采用比例税率，没有采用直接税所普遍采用的累进税率，所以，虽然其难以转嫁，但并无收入再分配的功能，暂不对其进行研究。我国目前也没有开征社会保险税，社会保险经费主要通过收费形式筹集。

与居民相关的财产税主要包括房产税、遗产税和赠与税。房产税与房地产税不一样，房地产税是一个综合的概念，即一切与房地产经济运行过程相关的税收都属于房地产税。而这里所谈的房产税，只与居民购买商品房有关，前面已经论证，对居民购买商品房，以房产税来代替土地出让金对地方政府和居民都有好处，也有利于扩大居民消费需求。当然，房产税作为直接税种，其在收入再分配上的优良性质并不失效，政府可按居民购房的面积总数累进征税，这种做法符合横向公平和纵向公平的税收原则。假定政府设定一个居民居住的合理面积，例如人均 30 平方米，在达到合理面积之前，政府对居民拥有的商品房征收房产税，以这个房产税为基数，对超出合理面积部分，随着超出部分的增加，征收的比例也相应加大，例如 110%、120%、150%，甚至 500%，从而达到调节收入再分配和不鼓励居民购买多套房的目的。下面，分别讨论个人所得税、遗产税和赠与税。

1. 个人所得税改革

个人所得税是典型的直接税，也是调节收入分配的优良税种，其立法的普遍依据是："有所得才征税，多得多征，少得少征，无所得不征税，"非常符合税收的纵向公平和横向公平原则，而且个人所得税的征收是真实可靠的。从统计数据上(见表 5-2)看，个人所得税与我国税收的总收入一样，保持了较快的增长速度，但其占我国税收总收入的比重近年来维持在 7% 附近。与以所得税、财产税为中心的发达国家相比，这个比例仍然偏低。例如，美国个人所得税占其总税收收入的比重为45%、英国为40%，丹麦为53%[95]。我国的个人所得税法自1980年9月10日第五届全国人民代表大会第三次会议通过后，于2011年6月30日进行了第六次修正，其最新内容已比较符合我国现阶段的国情。其中对于推动消费的亮点主要在于：

(1) 工资、薪金所得的免征额，被大幅度上调，自2000元/月上调至3500元/月。同时，对于纳税人缴纳的"三险一金"费用，即基本养老保险费、基本医疗保险费、失业保险费和住房公积金，法定的缴纳比例是个人工资收入的23%，按国家规定，免征个人所得税，属于个人所得税法中的附加扣除费用，这样，工资、薪金所得的实际免征额为 $x = 3500/0.77 = 4545.45$ 元。实际上，从表5-2可以看出，2005年我国个人所得税占总税收收入之比的7.3%，之前和之后均低于该点，这不能不说与免征额在2006年由800元/月上调至1600元/月有关系(2008年由1600元/月上调至2000元/月)，所以，可以预计，免征额上调至3500元之后，个人所得税收入的增长需要依赖对高收入阶层税收征管的进一步加强。

表5-2　我国个人所得税收入情况一览表　　　　　　　　单位：亿元

年份	个人所得税收入	税收收入	个人所得税收入占比
1999	413.66	10682.58	3.87%
2001	995.26	15301.38	6.5%
2003	1418.03	20017.31	7.1%
2005	2094.91	28778.54	7.3%
2007	3185.58	45621.97	6.98%
2008	3722.31	54223.79	6.86%
2009	3949.35	59521.59	6.64%
2010	4837.27	73210.79	6.61%
2011	6054.11	89738.39	6.75%

资料来源：各期中国统计年鉴。

(2) 工资、薪金所得的税级由9级减少为7级，尤其是最初一级，即应纳税所得额不超过1500元这一级，由5%调减为3%征收，极大地减轻了中等收入阶层的个人所得税税负。

(3) 个体工商户的生产、经营所得和对企事业单位的承包经营、承租经营全年所得的免征额，从5000元上调至15000元。这对于改善个体工商户的税负起到了一定的积极作用。

同时，2011年4月15日，国家税务总局又发布了《国家税务总局关于切实加强高收入者个人所得税征管的通知》，通知主要包括以下三个方面[96]：

(1) 不断完善高收入者主要所得项目的个人所得税征管，例如完善自然人股东股权(股份)转让所得征管，加强房屋转让所得和拍卖所得征管，深化利息、股息、红利所得征管，完善生产经营所得征管。

(2) 加强以非劳动所得为主要收入来源人群的征管，做好高收入行业工薪所得征管工作，对纳税人从两处或两处以上取得的工资、薪金，应通过明细申报数据等信息进行汇总比对，加强纳税人自行申报纳税管理的意识，完善数额较大的劳务报酬所得征管以及加强高收入外籍个人取得所得的征管。

(3) 建立健全的高收入者应税收入监控体系。强化税源管理基础，建立协税、护税机制。

应当说，国家税务总局在个人所得税目前的分类计征模式下为调节收入分配作了相当大的努力，这对于促进消费是有利的。但是，从发展的大方向上来探讨，为更好地扩大居民消费，个人所得税改革有必要继续进行下去。其中的关键仍然是国务院反复强调的：个人所得税改革的基本原则是调节个人收入差距，缓解社会分配不公的矛盾。也就是重点要抓住中高收入者尤其是高收入者，而对中低收入者少征或不征。

首先，从世界各国来看，实行综合计征的国家占绝大多数，考虑到我国计划生育带来的"421"家庭结构，应当创造条件尽早实行综合计征。综合计征考虑到教育、医疗、老人赡养、短暂失业等重大情况，考虑夫妻双方的收入情况，比较合理。当前，尤其是将无退休金、无社会保障的农村老人计入中年人的家庭负担当中，既鼓励中年人赡养老人，同时又达到让最需要消费的人积极消费的目的。

其次，个人所得税的免征额。

(1) 免征额应当与 CPI 挂钩，使每年的免征额的购买力不变。同时，随着消费水平的提高，应每隔几年提高个人所得税的名义免征额。

(2) 实行个性化的免征额。

现行免征额的标准是参照"人均消费性支出 × 平均每一就业者负担的人口"来比较的，可以考虑在人均消费性支出(注：人均消费性支出中已经包含了人均的保险服务消费支出)的基础上加上个人购买的商业性养老保险、医疗保险开支(个性开支，非人均数)，商业性养老保险、医疗保险是对政府基本保险的有益补充，有利于加大对居民的保障力度，从而有扩大消费的功能。同时，保险开支本身就是一件消费(6.5 节对如何发展我国人寿保险市场有进一步的分析)。

第三，个体工商户的生产、经营所得和对企事业单位的承包经营、承租经营全年所得的免征额，虽然从 5000 元上调至 15000 元，但依然偏高，15000 元的年所得，仅相当于每个月 1250 元，这与当前支持小微企业发展的精神不符。

第四，实行源泉预扣税制，由付款人在源头预扣预计税款，从而遏制高收者不报税或少报税的行为，加强了对高收入者的监控力度。源泉预扣税制度是国际上对个人收入监控的基本经验之一[97]，在源泉预扣税制下，付款人有动机这样做，因为它是确认支付款为成本或费用的条件，这可用于减少其利润或收入，否则，成本或费用将不被接受，付款人的利润和收入将会更高，导致付款人自己承担较高的税收。

第五，推行双向申报制度，这是关系到综合计征成败的重要条件。双向申报制度[98]，就是指个人所得税的纳税人和其扣缴义务人就同一笔所得的详细情况分别向税务机关申报的税收征管制度，其目的是在纳税人与扣缴义务人之间建立起交叉稽核体系，加强税源监控。这主要约束的还是高收入者，有利于调节收入分配。

最后，鼓励与处罚并重。没有必要的监管与处罚制度，偷逃税就会比较普遍。个人所得税法中的第十二条规定：对扣缴义务人按照所扣缴的税款，付给百分之二的手续费。但无明确的处罚办法，只是笼统地说依照《中华人民共和国税收征收管理法》的规定执行。因此我国应当加强对高收入者的收入监控和偷逃个人所得税的处罚。安体富(2011)[97]根据胡润《财富》杂志在 2010 年的财富报告分析指出：我国富人应缴纳的个人所得税应在 8000 亿元以上。要做到应缴尽缴，关键是要加强对个人收入的监控，完善监管机制。

2. 开征遗产税和赠与税

遗产税是一种财产税，是在财产流转时征收的一种税。近代的遗产税制度产生于 1598 年的荷兰，到 1696 年，在英国形成了具有现代意义的遗产税制度。目前，全世界大约有 2/3 的国家开征了遗产税。为了防止纳税人通过蓄谋赠予逃避遗产税，很多国家也开征赠与税，并将其作为遗产税的辅助税种。以下就遗产税展开讨论，实际上也就将赠与税包含在其中了。

在我国的税收体系中，尚未开征遗产税。根据刘佐(2003)的总结[99]，其原因大致有以下几点：

(1) 中国民营经济的发展和资本积累还处于初级阶段，大多数致富者都是创业者，其拥有的财富基本上是以经营性财产为主，按国际惯例，这类财产在征收遗产税时应予扣除。不开征遗产税有利于民营中小企业的生存和发展，有利于扩充就业和社会稳定。

(2) 开征遗产税对于投资、工作和储蓄的积极性具有较大的负面影响，还可能导致资金、人才外流，这对于急需资金、人才来发展经济的我国是不利的。除了移民到一些不征收遗产税的国家或地区，例如加拿大、澳大利亚、马来西亚等国，我国的富人还不一定能够达到那些发达国家遗产税征收的标准，所以可以移民到日本、美国等国家。

(3) 遗产税是国际公认的复杂税种，其征管要求很高，征管成本也很高。由于遗产的界定比较复杂，如果税法不加以规范，势必造成征纳双方的矛盾，或者税收收入的流失。

(4) 开征遗产税在征管条件上至少还有四个难题：一是个人财产登记和申报制度不健全，遗产数量难以确认；二是死亡人信息难以及时获得，无法保证遗产在计征遗产税以前不被分割或者转移；三是遗产形态多样，在目前的征管环境和条件下，难以综合掌握死亡者的全部遗产；四是财产评估制度不完善，遗产价值确认困难，且评估费用开支较大。

遗产税到底开征不开征？不同的人可能会给出不同的回答。

(1) 考虑到我国极度偏低的直接税税收比重以及地方财政的薄弱，从增加地方财政收入、调节税收结构，增加直接税收入占总收入比重的方面来讲，确实应该开征遗产税。将遗产税划归地方政府，地方政府也有动力去开征，所获得收入可以加大对低收入阶层和社会福利事业的投入。另外，由于市场经济的发展，容易导致两极分化，所以巨富将永远存在，这使得遗产税的税源比较稳定，遗产税收入比较可观。刘佐引用经济合作与发展组织统计数据显示，美国联邦遗产税收入约占联邦税收总额的 1.4%，英国、德国、西班牙的遗产税收入约占全国税收收入的 0.6%，法国约占 2%，韩国约占 0.9%，卢森堡、冰岛、葡萄牙约占 0.3%。考虑到我国的高基尼系数，可用美国的 1.4% 来参照，这样遗产税收入可望达 73210.79 × 0.014 = 1024.95 亿元，相当于当年地方财政收入的 2.5%，这远远超过了很多税种(见表 5-3)。

表 5-3　2010 年我国税收收入一览表

税种	收入(亿元)	占比(%)	税种	收入(亿元)	占比(%)
国内增值税	21093.48	28.81	城镇土地使用税	1004.01	1.37
国内消费税	6071.55	8.29	土地增值税	1278.29	1.75
进口货物增值税、消费税	10490.64	14.33	车船税	241.62	0.33
出口货物退增值税、消费税	-7327.31	-10	船舶吨税	26.63	0.04
营业税	11157.91	15.24	车辆购置税	1792.59	2.45
企业所得税	12843.54	17.54	关税	2027.83	2.77
个人所得税	4837.27	6.61	耕地占用税	888.64	1.21
资源税	417.57	0.57	契税	2464.85	3.37
城市维护建设税	1887.11	2.58	烟叶税	78.36	0.1
房产税	894.07	1.22	其他税收收入	1.8	0.002
印花税	1040.34	1.42	所有税种合计	73210.79	100

资料来源：中国统计年鉴 2011。

(2) 从公平收入分配、缓解贫富悬殊上，遗产税也应该加以开征。如前所述，当前我国的基尼系数相当高，亟需调整收入分配，缓解社会对分配不公的高度不满。富人的财产并不完全属于个人努力的结果，也有全社会各种形式的支持，而且富人负担税收的能力很强，征收遗产税之后，依然还是富人。好比说，一个富人 100 亿的财富，征收 30% 遗产税之后，还有 70 亿，依然富得不得了。反过来对于一个 1 万元财富的穷人，征收 30% 的遗产税，无异于要他的命。所以，在富人死亡的时候，以遗产税的形式将其财产偿还一部分给社会，无不恰当之处。张永忠(2011)[100]提出了遗产税的社会资源垄断论：一小部分人在社会上处于强势，对本应属于全社会的各种资源，如除个人天赋、个人能力和个人努力以外的技术、土地、森林、草场、矿产、环境、人文、历史、知识、资本、权力、信息、组织、人气、话语权等形成了垄断，由此占有了全社会所有人应得的大量财富，成为巨富、暴富，并进而利用其垄断地位，制造了有利于自己的分配方式，不断占有了社会其他人应得的大量财富，而遗产税就是国家将巨富占有的社会公众应得的财富归还给社会公众。

(3) 从扩大消费、启动内需上，遗产税也应该开征。郑幼锋(2009)指出[53]：我国人民有节俭和遗留财产给后代的传统，如果不开征遗产税和赠与税，将会导致这种传统更加强化，不利于消费率的提高。

(4) 遗产税的开征有助于引导慈善文化的形成，有利于消除贫富之间的误会，有利于社会和谐，有利于壮大慈善事业。我国目前的慈善事业大都为政府发动，单位组织，而欠缺富人自发的行动。正如林国建(2011)所指出[101]：通过遗产税社会公益捐赠的免税条款，富人们既能合法节税又可以博得身后名，何乐而不为。

(5) 遗产税的开征还可以起到相当程度的心理疏导作用。中国社会讲究"不患寡而患不均，不患贫而患不安"，吴鼎昌、马寅初等著名学者均谓：中国之传统思想重在一"安"字，西洋则重在一"强"字[78]。由于市场经济的发展引起贫富两极分化，在中国传统文化土壤里，极易产生"仇富"、"嫉妒"、"心理失衡"等不良心理。开征遗产税，可以表明政府对调节收入分配不均的坚定信念和态度，将起到宣泄社会情绪、缓和贫富对立的重要功能。开征遗产税也表明政府限制不劳而获、鼓励勤劳致富、重财富创造而不重财富继承的基本态度，这对于端正社会风气也有好处。

当然，我国遗产税开征面临的一些技术难题也需要妥善解决，其实也好解决。刘荣(2011)指出[102]：20 世纪 70 年代末期我国酝酿开征个人所得税时，人们也曾对当时的税收征管水平和配套条件是否适宜存在疑问，而个人所得税在我国的发展历程对这一问题做出了较好的回答。其收入额和占税收收入的比重均大幅度提升，公民的纳税习惯逐步养成。

将富人的财产进行分类，其大宗无非为股权、房产、贵金属。股权信息由工商局掌握，房产信息由房管局掌握，只有贵金属信息，政府不能了解，但如果托管在银行，则由银行掌握。所以，着力点就在于完善财产申报和登记制度，实行财产实名制，完善遗产管理和死亡通知等相关制度，逐步提高我国的税收征管水平。值得注意的是，2013 年 3 月 28 日发布的国办关于实施《国务院机构改革和职能转变方案》任务分工的通知中明确提出[103]："2014 年 6 月底前，出台不动产统一登记条例，完善信息网络、金融账户等实名登记制度和现金管理制度。"这就为我国遗产税的开征创造了良好的制度条件。

5.2.2　降低商品税所占税收收入比重

我国商品税领域正在进行的重大改革是营业税改为增值税,对于其改革的必要性、重大意义、可能影响、过渡措施等,国税总局进行了多方面的解读。本节围绕降低商品税占税收收入比重,改善居民间收入分配,对商品税改革作如下分析。

1. 降低居民日常消费品的间接税水平

对商品或服务交易课征的税种,如增值税、消费税、营业税、关税,被称为间接税,与居民日常消费品相关的间接税,应予降低。因为,其一,间接税容易转嫁给最终消费者,降低间接税就是增加居民的收入;其二,中低收入者对生活必需品的消费所占其收入的比重远远高于高收入者对生活必需品的消费所占其收入的比重,而且生活必需品弹性小,降低居民日常消费品相关的间接税可以在改善中低收入者消费水平的同时,起到调节收入分配的作用。

就增值税而言,我国增值税有三档税率,即 17%(基本税率)、13%(低税率)以及小规模纳税人 6%的征收率。现行增值税实行 13%税率的商品大多是与人们日常生活相关的日常消费品。可以降低那些需求弹性小、与生活需要密切相关的商品与服务的增值税税率,例如从 13%降低到 8%,同时扩大适用低档税率的范围,使更多与居民日常生活需要息息相关的必需商品纳入其中。

2. 在推进营业税改增值税的同时,降低相关税目的适用税率

“营业税改增值税”是国税总局正在推行的主要工作之一,推行“营业税改增值税”是为了解决增值税广度不够的问题。因为增值税覆盖了销售货物,提供加工、修理修配劳务以及进口货物;而营业税覆盖了应税劳务、销售不动产和转让无形资产领域,包括交通运输业、建筑业、金融保险业、邮电通信业、文化体育业、娱乐业、服务业、转让无形资产以及销售不动产,它是就其取得的营业额征收的一种税,与增值税采用的购进扣税法大为不同。

国家税务总局局长肖捷(2012)指出[104]:1994 年财税体制改革后,增值税与营业税并存的税制格局形成。一方面,这对服务业内部的专业化分工造成了重复征税;另一方面,这会导致制造业纳税人外购劳务所负担的营业税和服务业纳税人外购货物所负担的增值税均得不到抵扣,从而使得各产业之间深化分工协作存在税制安排上的障碍。如果推进营业税改征增值税的改革,可从根本上解决多环节经营活动面临的重复征税问题,推进现有营业税纳税人之间加深分工协作,也将从制度上使增值税抵扣链条贯穿于各个产业领域,消除目前增值税纳税人与营业税纳税人在税制上的隔离,促进各类纳税人之间开展分工协作。

肖捷(2012)进一步指出[104]:在扩大国内需求方面,营业税改征增值税消除了重复征税,

对投资者而言，将减轻其用于经营性或资本性投入的中间产品和劳务的税收负担，相当于降低投入成本，增加投资者剩余，有利于扩大投资需求；对生产者和消费者而言，商品和劳务的价格中所含税额减少，可以相应增加生产者和消费者剩余，有利于扩大有效供给和消费需求。在促进社会就业方面，以服务业为主的第三产业容纳的就业人群要超过以制造业为主的第二产业，所以，营业税改征增值税带来的产业结构优化效应，还将对就业岗位的增加产生结构性影响。可以想象，随着消除重复征税因素带动的投资和消费需求的扩大，产出拉动型就业增长将会出现。

虽然"营业税改增值税"对降低企业税负、促进居民消费需求有积极的作用，但若要降低这部分税收收入的增速，仍有必要降低相关税目的适用税率，以更好地扩大居民消费需求。

3. 消费税改革

(1) 增加高档消费品尤其是进口高档消费品的消费税税率。

增加高档消费品尤其是进口高档消费品的消费税税率可以起到调节收入分配的效果，也可以为适用于居民日常消费品的间接税的减税打开空间。我国现行消费税的主要税目有以下十四类：烟、酒及酒精、化妆品、贵重首饰及珠宝玉石、鞭炮焰火、成品油、汽车轮胎、摩托车、小汽车、高尔夫球及球具、高档手表、游艇、木制一次性筷子、实木地板。首先，可以提高消费品的税率，尤其是甲类卷烟、红酒、大排量乘用车、高尔夫球及球具、游艇，消费这些商品的人大多属于高收入者，对税收的负担能力强；其次，可以把其他属于高收入者消费、中低收入者不消费的商品加入征收消费税的行列，如大型电子游戏机、高档皮革皮毛、高档滋补品等。

(2) 将高档服务项目纳入消费税课征范围。

我国现有的消费税税目中只有高档消费商品，而没有高档服务项目。如将五星级酒店住宿、酒吧、KTV、桑拿按摩、高级美容美发、射击、狩猎、跑马、游戏、高尔夫球(指服务)、保龄球等在征收营业税的基础上，再征消费税。

(3) 调整消费税纳税环节。

我国绝大部分的应税消费品都是在生产环节确定税收，这给予相关生产企业一个避税的机会。例如，白酒消费税计税价格包括20%的从价税和1元/公斤的从量税。大型白酒企业为了避税，都会设立自己的销售公司，一般先将生产出的白酒低价出售给销售公司逃避税收，然后销售公司高价出售给经销商获取利润。针对设立销售公司的白酒企业，国家税务总局制定了《白酒消费税最低计税价格核定管理办法(试行)》，对于生产企业消费税计税价格低于销售单位对外销售价格的70%的，消费税最低计税价格由税务机关核定[105]。但这是一个治标不治本的办法，若想从根源上杜绝消费税税收流失，可以考虑将烟、酒等大宗消费品的消费税纳税环节后移至零售环节。

5.3　调整财政支出结构

如前所述，我国财政支出结构的不合理包括行政管理支出的高速增长和民生方面的支出比重偏低两个方面，这两个方面均制约了居民消费需求的扩大。同时，调整财政支出结构还要注意降低财政支出的一般水平，只有这样，财政收入的增速才能得到真正的控制；否则，财政支出的高增长会形成对财政收入高增长的倒逼机制。可以想象，当完整的涉及住房、医疗、教育、社会保障等方面的公共财政体系被有效建立时，财政收入的增速得到了真正的控制，居民可支配收入得到了切实有效的提高，那时消费的瓶颈才有可能被真正有效地打开，消费需求拉动的经济才可能真正地出现。

5.3.1　控制行政管理支出

作为一个整体，公务员的工资性收入并不高。统计显示，包括中国共产党机关、国家机构、人民政协和民主党派、群众团体、社会团体和宗教组织以及基层群众自治组织的公共管理和社会组织行业，其就业人员的平均工资水平在 19 个大类行业中位列第 11 位(见表5-4)，处于中等。那为什么行政管理支出还那么大呢？可能的原因有两点：一是公务员队伍中存在一定程度的冗员，许多部门都从中央直接连到乡镇，管理链条太长，而基层相应的各部门事务存在合并或撤销的必要性；二是公务员的职务性消费较多，众所诟病的"三公"经费从广义上可归并为职务消费。为此，首先，要精兵简政，裁减冗员，尤其是裁减农村地区公务员数量，这一方面，可以减少财政支出，减轻农民负担；另一方面，由于人口红利逐步减少，所以公务员职位的裁剪也可为社会各界释放劳动力，提高为财政收入作出直接贡献的人口；其次，要严控"三公"经费。社会各界对此高度关注并广泛讨论，但收效甚微。

表 5-4　2010 年按行业分城镇单位就业人员年平均工资(部分行业)

行业	金融业	信息传输、计算机服务和软件业	科学研究、技术服务和地质勘探业	教育	公共管理和社会组织	住宿和餐饮业	农林牧渔业
工资	70146 元	64436 元	56376 元	38968 元	38242 元	23382 元	16717 元
名次	1	2	3	10	11	18	19

资料来源：中国统计年鉴 2011。

吴君亮(2012)[106]指出：从政府的公共预算编制内容来看，共有三个账本，它们分别是预算收入账、预算支出功能分类账、预算支出经济分类账。预算支出经济分类账是按支出经济性质的资金的具体用途设置的，这本账用于记载公民转移给政府管理的财富究竟花在了什么地方，也是检视政府的花钱态度、使用公币的效率、开销是否公平合理最好的地方。"三公"经费就包括在 3 号账本里，恰恰公开情况最不尽如人意的就是这本账。张志红(2011)[107]认为，"三公"经费的面纱相当难揭的原因有五个：其一，思想认识不足，特权意识根深蒂固，相当一部分领导认为，公家的钱只要没落入自己腰包，吃了喝了用了无关紧要；其二，行政体制改革失效，支出基数水涨船高；其三，高层决心不大，治理措施蜻蜓点水；其四，预算约束不强，财务控制有形无实；其五，监督执行不力，"三公"消费陷入"上级监督太远，同级监督太虚，内部监督太弱，社会监督无从下手"的尴尬局面。

如何通过控制"三公"经费从而控制行政管理支出呢？首先是要提高财政透明度。张璐晶(2012)认为[108]，公共财政监督的起点就是财政透明度。所以，政府自身首先要公开 3 号账本，主动接受社会各界监督。其次，要从"三公"经费发生的源头控制"三公"经费，包括精简会议、节俭办公等。会议一旦得到切实减少，相应的差旅、住宿、宴请等费用就会切实减少，节俭办公的管理办法一旦出台，豪华装修政府部门办公大楼和超标配车等方面就可以得到一定程度的控制。第三，对必要的"三公"经费支出，要以"适度和保守"为原则，制定"三公"经费标准，便于人大、纪检、财政、监察、审计等部门按相关标准监督。例如，香港公务午宴及晚宴每次的开支上限分别为每人 350 元港币和每人 450 元港币[109]。由于我国地区经济的差异性，可由财政部给出一个相对标准而不是绝对标准，例如与当地的人均可支配收入挂钩。第四，制定一个量化的、公开的监督问责机制。例如，年初向媒体公开"三公"经费的预算及其依据，第二年年初公开它的决算情况与说明，并接受审计。如果"三公"经费超标 10%，地方财政首长引咎辞职；超标 15%，地方主管领导引咎辞职；超标 20%，地方首长引咎辞职。第五，主动引入外部审计和社会监督。例如，如有媒体申请核对政府公开的"三公"经费状况乃至财政状况，政府应当给予方便以自证清白，如有会计师事务所或者公共预算观察志愿者申请无偿审计政府开支，政府也应当给予工作的便利。又如，所有的公车一律加以特别标示，主动接受所有人的监督，看看有无公车私用的情况。

5.3.2　减少生产建设方面的财政支出

减少生产建设方面的财政支出已基本成为学界共识。高培勇(2008)指出[110]：减少不等于退出，需要减少的，也只限于投向竞争性领域的支出。政府履行的公共职能，在任何社会形态和任何经济体制下，都不能不包括生产或提供公共设施和基础设施。公共设施和基础设施的生产或提供，肯定属于生产建设支出系列，且肯定不排斥公共性。

基础设施包括铁路、公路、桥梁、机场、航道、码头、水利、通信以及水电气供给、排污、公共交通等领域。这些领域中的相当部分内容具有盈利性，而且这些领域当中已经有部分企业实现公开上市。例如，中国移动、中国电信等通信企业，大秦铁路、广深铁路等铁路企业，华能、华电等五大发电集团下属公司，深圳机场、白云机场等机场企业，上海港、盐田港等港口企业，赣粤高速等高速公路企业，首创股份、长春燃气等供水供气企业，大众交通、申通地铁等公共交通企业都实现了公开上市，面向全社会募集资本，拓展新项目。所以，可进一步加大力度引入国内的民营资本和外资企业，将更多的基础设施企业推向海内外股票市场，以减轻财政负担。同时，为增加对民营资本和社会公众股东的吸引力，体现国家的鼓励，可以采取对基础设施项目进行财政贴息、减税等间接方式，尽量少采用新建企业、全额注入资本金等大包大揽的方式，以减少生产建设方面的财政支出。

5.3.3　增加与优化民生方面的财政支出

对教育、社会保障和就业、医疗卫生、住房保障、农林水事务这些与民生关系最密切的领域，考虑到历史欠账问题、国际比较问题、社会稳定问题，国家财政支出的力度非常有必要进一步加大。在加大的同时，还需要思考投入效率和投入结构问题，以达到优化的效果。

对于教育领域，在投入总量不足的前提下还存在投入不均的严重问题，这已经造成了教育资源在城乡之间、东西部区域之间的不平衡。宫晓霞(2011)[111]指出：虽然目前我国已初步形成免费义务教育全国城乡一体化格局，但政府财政仅仅是负担了义务教育阶段中小学生的学杂费，财政性教育经费并没有对农村义务教育在师资、基础设施、教学条件等其他方面进行重点资助和扶持。城市各学校之间也存在分配不均的现象，由此导致了择校等一系列问题。由于各级教育主管部门都存在扶优的冲动，等级制的思想根深蒂固，越是名校，得到的财政投入就越多。所以，可在教育资源均等化，尤其是基础教育的均等化上下功夫。同时，可以从税收、土地等方面大力鼓励民营教育，既减轻财政负担，又为人民提供多样化的选择。这些民营教育既可以是为富人服务的贵族学校，也可以是专门为进城农民工服务的农民工子弟学校。

对于社会保障和就业领域，首先，要强化管理，采取有效措施防止社保资金被挪用、贪污、截流；其次，要在规范透明的前提下，加大社保资金的投资运营，由于地方社保资金只能存银行和购买国债，收益率偏低，所以可以考虑股票、PE 等各种方式(6.3.2 小节有进一步的分析)；最后，要加大对创业贷款的贴息，引导金融机构在充分考虑风险回报的前提下，大力发放创业贷款。

在对我国居民消费的现状分析中发现，农村居民家庭医疗保健支出在八大类农村居民消费支出中的份额自 2002 年以来一直上升，这除了说明农村居民更重视医疗保健、农村居民生活水平有所提高外，也说明我国这几年医疗卫生方面的财政支出比重提升尚未对农民进行较大程度的倾斜(详见 3.2.1 小节)。所以，对于医疗卫生领域，在总投入不足的前提下还依然存在投入不均和对农村倾斜不够的严重问题。为此，一方面要加大对县城医院、乡镇中心医院的投入，加大对农村妇幼保健、农村疾病预防控制支出的支持力度，提高农村地区的医疗卫生水平和农民的身体健康水平；另一方面要加大对城市社区医院的投入，适度提高医疗保险的报销比例，有效提高城市低收入阶层享受基本保健、医疗服务的能力。

对于住房保障领域，首先，要重视分配问题。诚如温总理(2012)所指出[112]：必须建立严格的制度和规范的程序，来体现公开、公正和透明的原则。申请、受理、审核、公示每个过程都要做到公平，才能保障结果的公平。其次，要控制保障房的面积。保障房体现的是保障基本住房需求，而不是住房的改善性需求，这样也可以为防止保障房的腐败问题创造制度条件。最后，要建立一个保障房的循环机制。一方面是资金的循环机制，不能只有投入，没有产出，那样的话，财政最终无以为继，保障房租金收入是一个非常重要的现金流，要促使相关部门尽量全部出租；另一方面是建立保障房的退出机制，实现保障房房源在低收入阶层的有序流转，使有限的财政资金能解决更多低收入阶层的住房问题，防止占房、私下转租等不良现象的发生。

我国农民人均获得的农林水财政支出的数量偏低，应超常规地扩大农林水事务领域的财政支出规模。如前所述，要扩大我国居民消费需求，对农村居民家庭而言，更需要提高其收入水平。农林水事务的财政支出有利于降低农产品的生产成本、提高农民的农产品售卖收入，对农民增收至关重要，而且与农林水事务财政支出相关的另一个问题是缩减农村基层政府的编制和人员，并加大对农林水事务财政支出的审计，有效降低农民负担并确保这些财政支出相对足额地落实到农民手中。

5.3.4　取消出口退税

出口退税是指国家为鼓励出口、使出口产品以不含税的价格进入国际市场而给予纳税人的税款退还，如退还进口税，退还已纳的国内销售税、消费税和增值税等。出口退税属于一种税收支出，税收支出是一种特殊形式的财政支出，是国家运用税收优惠调节社会经济的一种手段。取消出口退税，相当于减少财政支出，属于调整财政支出结构的内容。

(1) 当世界主要货币不再与贵金属挂钩，同时又遇到世界主要货币的超发时，中国净出口意义将会转变[94]。

当世界主要货币与贵金属挂钩的时候，中国净出口越多，换回来的贵金属代表量就越多，相应其他国家的贵金属代表量就越少，因为地球整体是一个封闭的经济体系，而地球上的贵金属总量增长还比不上地球上商品与服务的增长；中国净出口越多，就越能扩大再生产，相应其他国家就越发觉得通货紧缩，从而使扩大再生产的动能不足。在这个时候，重商主义是对的。国家应该通过出口退税，尽量使出口产品以不含税的价格进入国际市场。

当世界主要货币不再与贵金属挂钩之后，由于其本身为不兑换的纸币，按照马寅初的观点，须看政府之信用如何而定其值之高低。政府信用高，则货币信用高，物价必比较低；否则币值必低，物价必高[78]。由于当前世界经济一体化程度远高于马寅初发表其观点的 20 世纪 40 年代，所以美元(欧元、日元与此类似)超发对美国的影响远小于当时对美国的影响。因为，包括中国在内的众多新兴市场经济国家与石油输出组织成员国持有了大量的美元外汇储备，美国通过将美国国债部分地卖给世界各大央行的方式，大大分散了美元超发对美国国内的影响。在这种情况下，中国出口商对美国的出口换回来的是不断贬值的美元；而中国用央行发行的人民币从出口商手中拿到美元然后买入美国国债，其成本是不断升值的人民币，而其收益是不断贬值的美元，国家利益不容乐观。所以，当世界主要货币不再与贵金属挂钩，同时又遇到世界主要货币的超发时，出口退税的意义已经大打折扣，重商主义已不再可取。

(2) 取消出口退税符合国家整体利益，同时可以扩大居民消费需求，促进经济增长。

在国际主要货币超发的条件下，出口商只有快速提高价格才能弥补换回来的货币不断贬值带来的损失，从国家整体利益层面上，取消出口退税是切合时宜的选择[94]。

首先，如前所述，当世界主要货币不再与贵金属挂钩，同时又遇到世界货币的超发时，净出口换回来的已不再是代表我多一块、你就少一块的贵金属，而是可以无限量供应的主权货币，这个时候，净出口不应再成为我国追求的目标。

其次，取消出口退税，将出口商品的价格抬高，引导部分出口商品转内销，可以快速地加大国内的商品供给，增加国内市场的竞争性，降低国内物价，使居民的购买力相对增加，从而扩大消费。

第三，出口退税的取消，相当于减少了我国的财政支出，相应打开了对居民的减税空间，从而提高居民收入，增加居民消费需求。例如 2010 年，全国税收收入为 73 210.79 亿元，全国共办理出口退税 7327.31 亿元(见表 5-3)，出口退税约占全国税收收入的 10%，而 2010 年全国居民消费支出仅为 133 290.9 亿元[①]。

第四，取消出口退税不可避免地使中国的净出口减少、贸易顺差减少。这样，就可以减少中国央行由于被动吸收美元而发行的货币，可以降低中国央行对美国国债的购买量，从而使美元超发的后果停留于美国国内，以更好地维护我国的国家利益。

最后，有人会担心，取消出口退税，可能使国内无法消化所有为出口而形成的产能。这确实是反对取消出口退税的一个强有力的理由。但是，其一，并不是所有的出口产品都会选择转内销，真正志在全球的公司会采取提价、降低管理成本、采取人民币定价等各种方式消化出口退税被取消的成本，这样的公司会更具竞争力，这也是我们国家所期待的，既然美元不断贬值，中国的出口商为什么不提价？其二，有一半左右的进出口是由外资企业完成的，它们并不会仅仅因为出口退税政策的改变而完全放弃其在全球的生产销售布局。

---

① 中国统计年鉴 2011。

统计资料显示：近五年来，我国外商投资企业货物进出口总额占全国货物进出口总额的比例维持在 55%左右(见表 5-5)。其三，我国拥有 13 亿的庞大人口，当前依然还存在城乡二元结构、东西部差距，从而使这 13 亿人口的消费需求存在一定的差异性和层级，只要我们在扩大居民消费方面采取更多的有力措施，就可以将取消出口退税带来的对国内的供给冲击的负面影响降到最低。

表 5-5　近五年外商投资企业货物进出口总额情况一览表　　　　单位：亿美元

年份	2006	2007	2008	2009	2010
外商投资企业货物进出口总额(1)	10362.7	12551.64	14099.21	12174.78	16006.15
货物进出口总额(2)	17604.4	21765.7	25632.6	22075.4	29740
占比(1)/(2)	58.86%	57.67%	55%	55.15%	53.82%

资料来源：中国统计年鉴 2007；中国统计年鉴 2009；中国统计年鉴 2011。

5.4　本章小结

本章运用理论分析方法，研究了扩大居民消费需求的财税政策。首先是降低财政收入增长速度的政策。通过清理不合法的非税收入项目，降低合法的非税收入项目的征收金额，切实减轻纳税人负担，并以房产税代替土地出让金，通过金融创新来弱化高房价对居民消费的负面影响。其次是调整税制结构的政策。具体包括：通过个人所得税改革和遗产税和赠与税的开征来增加直接税所占税收收入比重，通过降低居民日常消费品的间接税水平，推进营业税改增值税的改革并降低相关税目的适用税率以及推进消费税的改革等措施来降低商品税所占税收收入比重。最后是调整财政支出结构的政策，具体包括控制行政管理支出，减少生产建设方面的财政支出，增加与优化民生方面的财政支出以及取消出口退税。

第 6 章　扩大居民消费需求的金融政策

　　第 4 章分析了制约我国居民消费的金融因素，具体包括：货币供给不足，股票市场的糟糕表现以及其他金融因素。其他金融因素中，包括对商业银行监管标准的提高，消费信贷资产证券化仍未积极开展，人寿保险市场的规模偏低以及利率市场化。为此，扩大居民消费需求的金融政策不妨围绕以上几个方面展开，由于对商业银行监管标准的提高和消费信贷资产证券化仍未积极开展都指向信贷市场尤其是消费信贷市场，这两者可结合起来研究。

6.1　适度放松货币供给

　　全国政协委员、央行副行长易纲 2013 年 3 月 6 日接受记者采访时表示，今年 13%的广义货币(M2)增速不能说是过低，因为经济增速目标是 7.5%，价格控制目标是 3.5%，二者合计 11%，还有两个百分点的空间，而且已经考虑到了货币化和其他的因素，所以这个目标是合适的[113]。这说明，我国的货币供给主要是通过设定 M2 的预期增长目标来完成，而且是按照"M2 增速=GDP 增速+CPI+货币化因素"的公式来供应货币的，该公式中，前两者是货币数量论的增长率表达式，货币化因素是中国国情因素。

　　在分析制约我国居民消费的金融原因中已经发现，中美同样的 M2，可以自由在经济中流通、周转从而发挥作用的比例不同，所以，要完成同样的 GDP，中国需要比美国更多的 M2。为此，按照"M2 增速 = GDP 增速 + CPI + 货币化因素"的公式供应货币，必须要使 M2 增速更快一些，才能达到中美之间增加的可自由发挥作用的 M2 的绝对量相同。因为中国是用 80%的 M2 去支持 100%多(多的部分是货币化因素)的 GDP 的周转。除非，中国人民银行通过执行与美联储类似的存款准备金率政策，对一定限额下的存款免缴存款准备金并且对非个人定期存款和外币存款执行比例为 0%的存款准备金，并大幅度地下调其他类型存款的存款准备金，中国银监会取消对商业银行 75%的贷存比要求，并执行与美国同样的银行监管标准。这样的话，就把中美之间的 M2 变成可比的了，中国在制定货币供给增长率时就只需要考虑货币化因素。

　　我们认为，虽然关于货币问题的争论极多，但不管按照什么准则来供应货币，货币供给是大于货币需求还是少于货币需求，都必然要通过利率、汇率、物价等金融指标反映出来。在分析制约我国居民消费的金融原因中已经发现，如果认为我国的货币供给远超货币需求的话，可以解释利率高企，但不能很好地解释物价的轻微上涨和人民币币值的大幅上升；反之，如果认为我国的货币供给低于货币需求的话，则一切皆可解释。由于货币紧缩，导致人民币币值大幅上升、利率高企，资金利率高从而企业成本增加(劳动力成本上升也是因素之一)，成本上升推高了我国物价。另外，我国股市自 2007 年 10 月以来，持续 5 年多的熊市也是我国货币供给低于货币需求的一个很好证明。

2012 年，中国央行广义货币(M2)的目标增速是 14%，实际增长 13.8%[114]，而 2012 年下半年的利率、物价、汇率等金融指标显示：中国货币供给不足(详见 4.2.1 小节)，而且中国官方统计里没有民间借贷利率的统计资料，官方统计的利率仅能代表体制内经济的利率(各级政府、大中型企业和金融同业机构)，实际上中国统计资料所显示的利率是低估中国企业平均的融资利率的。所以，我们建议适度放松货币供给，今年 13% 的 M2 增速是不够的，不妨调高 M2 的增速至 16%，以降低利率，促进经济增长，鼓励居民消费。

还有，美国货币政策的历史演变告诉我们，不能机械地控制货币供给数量的增速，要更多地考虑利率和经济增长因素。所以，中国央行通过设定 M2 的预期增长目标来完成货币供给的方式并不一定合适。在 20 世纪 50 至 60 年代，美国联邦储备系统在制定货币政策时，货币数量被认为是一个不太重要的指标，美国联邦储备系统的官员们关注的是短期名义利率、信用条件和银行贷款。到 20 世纪 70 年代，由于通货膨胀问题日益突出，货币增长率指标也日益受到关注。1979 年 10 月 6 日，也就是在保罗·沃尔克(Paul Volcker)刚刚成为联邦储备理事会主席不久，联邦储备系统决定采取高度紧缩性政策：贴现率提高为 12%，同时对银行的某些可控负债规定了 8% 的法定准备金比率。更重要的措施是，该政策允许联邦资金利率有更大的波动，以便更好地抑制货币存量。这一政策被广泛地解释为迅速地转向货币主义，即美联储把控制通货膨胀摆在了维持高就业的前面，并且更加重视货币增长率目标。此后直到 1982 年 10 月，美联储才重新改变货币主义的政策实施步骤。因为，1979 年 10 月到 1982 年 10 月的货币主义试验导致的结果不理想：通货膨胀率大幅下降，失业率急剧上升，美国经济在 1982 年陷入了和平年代的较大的一次大衰退。不少经济学家怀疑用如此严重的失业换来通货膨胀率下降是否值得[6]。

直到今天，美联储也没有再回到货币主义。在面对经济萧条的时候，美联储不仅不对货币供给总量施加严格的控制，而且倾向于使用更为宽松的货币政策，包括面对 1987 年的股灾、2000 年的科技股泡沫、2007 年的次贷危机。2008 年 9 月雷曼兄弟倒闭，将次贷危机推向了高潮，美联储果断出手，直接购买已经陷入破产边缘的房地美和房利美价值 6000 亿美元的债券，并向濒临倒闭的金融机构注资。这标志着新一轮量化宽松政策(QE1)的开始。此后在 2010 年 10 月以及 2012 年 9 月，美联储继续采取量化宽松货币政策，分别称之为

QE2 与 QE3，结果发现：美国的通货膨胀率并没有提高，而且美国的经济开始缓慢复苏。

综上分析，建议我国央行在进行货币供给时，更多地考虑利率和经济增长因素，适度放松货币供给，既通过提高居民收入扩大居民消费，又通过降低利率改善流动性约束扩大居民消费。放松货币供给的具体方式很多，包括但不限于下调存款准备金率释放长期货币供给、通过逆回购释放短期流动性、放松对商业银行 75% 的贷存比要求。其中，考虑到我国以商业银行间接融资为主的融资结构，放松对商业银行 75% 的贷存比要求很有必要。例如，2011 年，我国社会融资规模为 128286 亿元，企业债券与非金融企业境内股票融资之和为 18035 亿元，仅占 14.06%，人民币贷款与外币贷款(折合为人民币)为 80427 亿元，占62.69%(详见表 6-1)，委托贷款、信托贷款及未贴现银行承兑汇票跟银行也有极大关系。

表 6-1　我国社会融资规模及构成　　　　　　　单位：亿元

年份	社会融资规模	企业债券与非金融企业境内股票融资	人民币贷款与外币贷款(折合人民币)	委托贷款、信托贷款及未贴现银行承兑汇票
2009	139104	15717	105207	15750
2010	140191	16849	84306	35959
2011	128286	18035	80427	25267

资料来源：中国统计年鉴 2012。

6.2　在货币充裕的前提下积极开展利率市场化

利率市场化的核心影响就是为各商业银行之间开展价格竞争创造了制度前提。具体来说，主要就是存款竞争和贷款竞争，相应影响银行的存贷利差。从居民、企业、银行三部门间的收入分配来讲，银行部门的存贷利差高使得作为净存款方的居民部门和作为净贷款方的企业部门的利益都受损，不利于居民部门收入提高，不利于居民消费需求扩大，不利于企业部门发展，也不利于整个国家经济效率的提高。

6.2.1　开展利率市场化所需的货币供给环境探讨

对于以缩小商业银行存贷利差为目的的利率市场化而言，保持货币供给充裕的环境是相当重要的。如果在货币供给充裕的环境下开展利率市场化，那么，无论是资金供给端(对银行而言)的存款竞争还是资金需求端(对银行而言)的贷款竞争都难言惨烈，从而使价格竞争的良性作用得以发挥。此时，考虑到存户的价格敏感度以及其他行业发生的情况，平均的存款利率会被拔高，而平均的贷款利率不能在保持既定利差的基础上相应拔高那么多，总的存贷利差会有所收窄，相应对企业发展、居民收入、居民消费都是有利的。这是因为我国的各大银行均有政府背景，而定期或活期存款又是无差别的金融服务，存户完全可以根据价格来选择银行而不用考虑别的任何因素。这种价格竞争在金融其他行业中由来已久，例如证券行业的佣金价格战。那么，平均的贷款利率为什么不能在保持既定利差的基础上相应拔高那么多呢？其原因有以下三个：

(1) 货币供给充裕使得货币供大于求，作为资金净需求方的企业面对银行具有一定的议价能力。而此时，对银行来说，贷款利率过高，银行将会迎来逆向选择，从而使得银行把高风险的贷款客户留下，这对银行信贷的安全性是一大损害。

(2) 货币供给的充裕为债券市场、股票市场的高速发展提供良好条件，大中型企业将会减少使用银行信贷，从而进一步降低银行的谈判地位。

(3) 实业投资回报率的约束。

反之，如果在货币紧缩的环境下开展利率市场化，由于货币供给不足，对作为资金净需求方的企业来说，十分不利。货币紧缩的环境下，无论存款、贷款、债券发行、股票发行，全部成为稀缺资源，利率在资金供不应求的条件下猛烈上涨，而此时，如果商业银行的存贷利率仍然受到控制，那么其负面影响还比较有限，因为大部分存款不会离银行而去，银行依然有相当部分的低成本资金供给。而此时，如果采取利率市场化，那么在银行需要付出更高代价才能得到存款的同时，更多部分的低成本资金供给将离银行存款而去，银行给企业的贷款利率不得不更高。利率的飙升，不仅给股票市场带来沉重的向下压力，而且使企业发行债券的成本迅速提高，作为资金净需求方的企业不得不更加依赖银行，在银行面前，就缺乏贷款的议价能力了。此时的银行还可能会存在"以价补量"的经营思路，相应的存贷利差无法得到有效缩小。

6.2.2　银行存贷利差变化对各部门间收入分配和居民收入的影响

如前所述，银行部门的高存贷利差恶化了居民、企业、银行之间的收入分配。而在货币充裕的前提下积极开展利率市场化，会导致银行部门存贷利差的缩小。这也是银行这一受利率管制部门开始接受真正的市场竞争的结果，是银行部门向国民经济其他部门让利的行为，银行部门接受社会平均的利润率水平，使居民、企业、银行这三者的收入分配趋于合理，有利于改善整个国家的经济效率。

由于银行对住户的贷款与住户在银行的存款之比不到 40%，远低于银行业对所有部门的平均贷存比(70%左右，见表 6-2)，意味着利率市场化对居民收入的影响大小，关键要看利率市场化之后，存贷利差的变化情况。

设最初的住户部门在银行存款收益减去贷款成本的净收益为

$$y_0 = 100d - 40l, \ l > d$$

其中，l 为住户部门面临的贷款利率；d 为住户部门面临的存款利率。则利率市场化后的住

户部门在银行存款收益减去贷款成本的净收益可设为

$$y_1 = 100(d + \Delta d) - 40(l + \Delta l)$$

Δd 为存款利率净变化；Δl 为贷款利率净变化。

要使 $y_1 > y_0$，必使

$$100(d + \Delta d) - 40(l + \Delta l) > 100d - 40l$$

$$\Rightarrow 100\Delta d > 40\Delta l$$

$$\Rightarrow \Delta d > 0.4\Delta l$$

$$\Rightarrow \Delta d - 0.4\Delta l > 0$$

于是，利率市场化后，如果有 $\Delta d - 0.4\Delta l > 0$，则住户部门将会获得收入的增加，而如果银行对住户部门的存贷利差缩小，即 $\Delta d - \Delta l > 0$，住户部门将会获得更多的收入增加。住户部门收入增加的绝对量是住户部门的存款乘以 $(\Delta d - 0.4\Delta l)$。例如，以 2011 年 12 月住户部门 35.2 万亿元的存款为基数计算，$(\Delta d - 0.4\Delta l)$ 每增加 0.25 个百分点，住户部门增收 880 亿元。

表 6-2　金融机构本外币信贷收支表(住户部门)　　　单位：亿元人民币

项目 时间	各项存款 (1)	住户存款 (2)	各项贷款 (3)	住户贷款 (4)	贷款占存款比 (3)/(1)	住户贷款与 存款比(4)/(2)
2011.12	826701.35	351956.59	581892.5	136072.59	70.4%	38.7%
2010.12	733382.03	312301.58	509225.95	112586.13	69.4%	36.1%
2009.12	612006.35	268649.89	425596.6	81819.3	69.5%	30.5%
2008.12	478444.21	225640.74	320048.7	57082.48	66.9%	25.3%
2007.12	401051.34	179526.32	277746.53	50674.67	69.3%	28.2%

资料来源：中国人民银行官方网站(http: //www.pbc.gov.cn/publish/diaochatongjisi/133/index.html, 2012-10-2)。

6.2.3　银行信贷的客户结构和规模变化对居民间收入分配和居民收入的影响

利率市场化之前，由于行政管制的利差空间存在，所以银行信贷至少有两个特点：一是"贷大、贷长、贷集中"，银行信贷偏向大型国企、各个部委(例如铁道部)以及地方政府融资平台。这是因为，这些贷款的安全性、效益性都较高，而且数额大的好处就是完成贷款的操作成本非常低。二是信贷权限上收，支行缺乏贷款的权力和自由，这一方面是银行内控的加强，另一方面是利差保护之下，银行对消费信贷、中小企业贷款的开发还不够积极。

如前所述，如果保持货币供给充裕，利率市场化后，银行的存款利率会被拔高，存贷利差会收窄。这将对银行信贷结构的调整和信贷业务规模产生巨大影响。可以想象，商业银行为了使存贷利差少下降一点，不可避免地调整其信贷的客户结构和信贷规模。就信贷的客户结构而言，由于中小企业和居民户对贷款利率的议价能力较低，银行所给的贷款利率较高，所以，这两部分的比重将加大。尤其是住户部门，其作为一个整体，贷存比非常低，再加上未来收入(目前的存款是已经积累的收入)，其贷款的安全性很高，所以，消费信贷将成为利率市场化之后的一个蓝海。中国银行副行长陈四清(2012)[115]也认同这一点。他认为，利率市场化后，从客户结构上看，银行将会更加重视能够带来更高回报的中小企业客户和个人客户，贷款资源将会向这些领域倾斜；从业务结构上看，银行将更加重视非利息收入业务，通过非利息收入来弥补息差收窄带来的盈利缺口。

消费信贷的比重加大将会有力地扩大居民消费需求(6.4 节将有进一步的分析)，它将让更多的年轻人用他们的未来收入改善生活居住条件，生活居住条件的改善又可以提高他们的生产效率，生产效率的提高有助于他们未来收入的提高，从而进一步提高商业银行消费信贷的安全性。中小企业信贷的比重加大将提高中小企业职工收入，且有助于改善居民间收入分配。因为中小企业职工的收入居企业职工收入的低端，大型企业的收入高且稳定，所以中小企业职工收入的提高有助于改善居民间收入分配。

就信贷规模而言，由于资金供给端(对银行而言)的存款价格提高，而资金需求端(对银行而言)的贷款价格受到约束，这必将促使银行更好地利用好每一分存款，所以，资金的使用量将不可避免地加大。也就是银行需要"以量补价"。现在的各商业银行，其平均贷存比约为 70%，必须向更高的目标迈进，方可维持商业银行目前的利润率和资本回报。信贷规模的扩大和平均贷款利率的下降将减轻企业的资金成本，扩大资金使用，意味着中国企业背后的金融支持加强了，相应中国企业在全球的竞争力得以提升了。中国企业竞争力的提升是中国居民收入提高的有力保证，收入的提高将为消费需求增加提供最根本的保证。

6.3　发挥股票市场在提高居民收入上的作用

如前所述(见 4.2.2 小节)，股票市场表现越好，城镇居民的平均消费倾向越高。随着我国股票市场上市公司数目的增多和多层次资本市场建设的加快，股票市场对居民收入与消费的影响将会越来越大。从理论上来看，发展股票市场可以提高居民的收入，而不仅仅是获取股票价格上涨的财富效应。众所周知，居民的收入可以分为两大类：工资性收入与财产性收入。工资性收入来自于劳动报酬，而财产性收入来自对既有财产或资金的运作收益。下面先探讨如何通过发展股票市场来提高居民的劳动报酬，然后讨论通过发展股票市场提高居民既有财产的运作收益。

6.3.1　通过股票市场的发展来提高居民的工资性收入

1. 提高上市企业职工的工资性收入

如何来提高劳动报酬呢？鉴于我国劳动年龄阶段人口仍处于高位，在劳动供求关系中谈判地位较低，部分学者，例如付文林(2010)提出[116]，通过市场调节与政府干预相结合的办法来提高劳动者在工资决定中的议价能力。而经济学的基本理论认为，劳动者的真实工资水平取决于其劳动的边际生产率。所以，要提高劳动报酬，一个重要的解决办法是提高其劳动的边际生产率。从生产函数出发，提高劳动的边际生产率的可行途径有三条[117]：(1) 提高企业资本存量；(2) 技术进步(与提高企业资本存量的效果类似，相当于原有资本经过技术进步可以发挥更大资本存量的效果)；(3) 劳动者的人力资本提升。图 6-1 表明：提高企业资本存量后，真实工资水平 W/P 将上升，同时企业对劳动的需求增加。

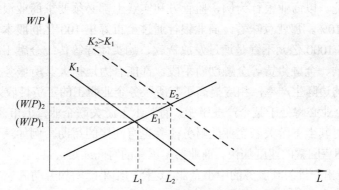

图 6-1　提高企业资本存量对劳动市场均衡的影响

要提高企业资本存量，就必须将居民储蓄有效地转化为企业的资本，因为储蓄不能转化为企业的资本，就相当于资本的闲置。另外，由于技术进步可分为"资本体现的技术进步"与"不体现的技术进步"(即技术进步没有体现在新增物质与人力资本上)，提高企业资本存量与"资本体现的技术进步"存在着不可分割的联系，只要抓住储蓄转化为企业的资本这一核心，"资本体现的技术进步"也将迎刃而解。

将居民储蓄转化为企业的资本，其方式有两种：一种是债务性融资，如银行贷款、委托贷款、信托计划、企业债券等；另一种是股本性融资，如 PE、VC、发行上市、增发、配股等。这两者显然不可偏废。企业通过自身积累可以逐步取得更多的债务性融资，而股本性融资由于快速扩大了企业的自有资金，再通过这部分扩大的自有资金进行债务性融资，可以更快地拓展企业的资本发展空间。而且，由于 PE、VC 是通过企业发行上市来寻求退出的，所以，大力发展股票市场对扩大 PE、VC，提高企业资本存量，促进企业的资本积聚与集中，提高劳动的边际生产率从而提高劳动者收入具有重要意义。通过各国金融数据的比较后，著名比较金融学教授戈德史密斯(1994)指出[118]：在发达国家，股票相对于债权大大超过发展中国家。这是站在历史实证的角度印证了股票市场的发展相较于银行信贷市场、债券市场的重要性。

2. 提高非上市企业职工的工资性收入

显然，并不是所有企业都能够通过 PE、VC、Pre-IPO、IPO 等股票市场相关融资活动来筹集资金、扩大资本，从而提高企业职工的工资性收入。那么，其他企业职工的工资性收入能不能因为股票市场的发展而受益呢？答案是肯定的，因为股票市场的发展可以通过企业之间的经济联系，来改善整个社会的金融生态链。

首先，金融企业的发行上市除对提高金融企业本身的职工收入有积极影响外，由于金融企业自身处于金融中介这样一个特殊地位，他们的发行上市，还具有扩大其所服务企业的职工收入的功能。以商业银行为例，监管方和实践上都必须要求商业银行保持一定的资本充足率，例如 10%。那就意味着，商业银行通过上市筹集 100 亿的股本金，可以增加资产 1000 亿元。这 1000 亿元不管是通过发放贷款、购买债券等传统金融工具，还是通过购买企业的应收账款、金融租赁等金融创新手段，都能有力地扩大其所服务企业的资本，从而通过提高劳动的边际生产率，相应提高了其所服务企业职工的工资性收入。

其次，上市企业必将处于某个产业链中，有其上下游关联企业，上市公司资产负债率、财务状况的改善对其上下游关联企业的财务改善也有间接的帮助，例如三角债的清理、预付账款的支出、销售回款的速度加快、商业票据承兑的时间缩短，甚至可能出现以上市企业为主导企业，发展出一批为其服务的中小企业，这样的结果能增加劳动需求，提高劳动报酬。

最后，不管是企业的自有资本增加、财务状况改善，还是企业能够依托一个实力较强的主导企业，都会对担保公司的贷款担保、商业银行的贷款发放、商业银行对商业票据的贴现、信托公司中小企业资金集合信托计划的发行起到信用增加的作用，从而加快全社会的资本周转，改善全社会的金融生态。

6.3.2　通过股票市场的发展来提高居民的财产性收入

1. 归属于居民且由居民管理的资产

我国居民管理的资产可分为实物资产与金融资产，前者主要有房产、贵金属、艺术品等，后者主要有存款、股票、债券、保险、现金。根据各种金融资产长期的收益比较，一般地说，股票的长期回报率是最高的，而我国居民的金融资产中，存款占比过高，这为加大股票的比重、调整金融资产组合，从而提高居民的财产性收入提供了良好的条件。根据易纲、宋旺(2008)的统计，2004 年、2005 年，我国居民的金融资产中，存款占比过高，均占 72%，而股票占比较低，分别为 6.3%、5.5%[119]，股票与存款之比分别为 1∶11.43、

1：13.1。根据中国证监会副主席姚刚(2009)提供的数据推算[120]，截至 2009 年 10 月，上市公司大股东持有的流通市值和居民直接持有的流通市值之和不超过 6.54 万亿元，粗略估计，居民直接持有以及通过基金间接持有的流通市值不会超过 4 万亿元。而根据 2010 年中国统计年鉴，2009 年底，我国金融机构来自城乡储蓄存款的数字是 26.0772 万亿元，股票与存款之比近似于 1：6.5，依然处于低位，股票市场依然有很大的发展空间。

　　为简化分析，图 6-2 考察存款与股票两种资产组合后所能达到的资产组合均衡。其中，C 是存款的风险、预期收益率的位置，B 是股票的风险、预期收益率的位置，两种资产被假设为完全独立。可以看出，通过调节两种资产在资产组合中的比例，所能达到的最大预期效用为 U_1，当股票的风险(即波动率)下降，亦即向 A 点滑动，所能达到的最大预期效用为 $U_2 > U_1$，股票的预期收益率上升的效果与之类似。所以，要想提高居民资产组合的预期效用，要么使股票这种资产的波动率下降，要么使股票的预期收益率上升，两者都具备效果更佳。中国股市的一个特点是过度波动[121]，这可以部分解释为什么股票与存款之比依然处于低位。所以，要推动股市发展，必须降低中国股市过度波动的幅度，这样可以增加股票这种资产对居民的吸引力，提高股票在居民资产组合中的比重；反过来，居民的这一行动可以使更多的企业通过股票市场筹集企业发展所急需的资金，优化资源配置，从而提高股票的收益率，如此形成企业与居民之间的一个良性循环。

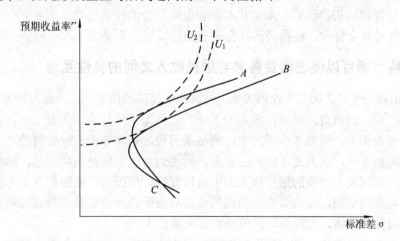

图 6-2　股票与存款两种资产的组合均衡

2. 归属于居民但由政府管理的资产

　　根据目前的财政体制，归属于居民但由政府管理的资产有如下几类：

　　(1) 住房公积金。住房公积金管理条例中规定：职工个人缴存的住房公积金和职工所在单位为职工缴存的住房公积金，属于职工个人所有。

　　(2) 地方社会保险基金，包括基本养老保险基金、基本医疗保险基金、工伤保险基金、失业保险基金和生育保险基金等，目前还没有实行全国统筹，依然停留在省级统筹或市级统筹、县级统筹。

(3) 全国社会保障基金，是国家层面设立的，由中央财政预算拨款以及国务院批准的其他方式筹集的资金构成，用于社会保障支出的补充、调剂。

全国社会保障基金已经对其资产实行多元化配置，截至 2009 年 12 月 31 日，各大类资产的占比情况是：固定收益资产 40.67%，境内股票 25.91%，境外股票 6.54%，实业投资 20.54%，现金及等价物 6.34%。截至 2009 年底，全国社保基金成立以来的权益累计投资收益 2448 亿元，年均投资收益率 9.75%[122]。但是，住房公积金结余的主要投资方向是住房公积金贷款(利率相当于同档次银行贷款利率的七折左右)和国债，地方社会保险基金结余的投资方向是定期存款和国债，它们优化资产组合、提高资产收益的空间很大。中国证监会主席郭树清(2011)指出：目前地方养老保险金全国大约有 2 万亿元的余额，分散在各省，全国住房公积金累计也有 2.1 万亿元的余额。如果能够设立一个专门的投资机构或者委托一个机构，将这些资金统一起来进行(股票)投资，对各方面来说都非常有好处[123]。

对于地方社会保险基金的主体部分——养老保险基金的投资运营，人力资源和社会保障部胡晓义副部长(2012)也指出：养老保险基金的保值增值问题关系到中国社会保障制度的稳定运行和可持续发展。全国社会保障基金、企业年金等与养老保险相关的基金已经取得了一些投资管理的初步经验。未来基本养老保险基金的投资运营，需要充分参考借鉴这些经验，并针对基金特点，根据经济社会发展的新情况、新要求，有所创新[124]。

6.3.3　股票市场可以促进消费需求与居民收入之间的良性互动

首先，消费与生产之间存在连锁关系，马寅初曾精辟地指出[78]："吾人皆为消费者，同时亦多为生产者。因消费之财源，多由于工作。工作即生产行为。盖有工作，方有所得；有所得，即有购买力。消费者购买力大，物品或劳役之销路亦大，价格将趋高。生产者将扩充范围，增加生产，工人之工作机会愈多，购买力愈大。如是循环不息，物质日进文明矣。"其次，从居民与企业的循环收入流中可以发现，居民为企业提供资金与劳动力，获取资金回报与劳动报酬，以购买企业提供的商品与服务。而企业经济效益的增加归根结底是要产品与服务有销路，也就是居民的消费需求要扩大。

综合以上两点可推论，经济的发展需要消费需求扩大与居民收入提高形成一个良性互动。在这个良性互动中，股票市场可以起到相当作用，或者说股票市场是其中的关键一环。因为股票市场的发展首先可以使企业资本扩大、居民储蓄的运用渠道拓宽；其次，企业资本的扩大又可以使企业增加对居民的劳动力需求，通过提高劳动的边际生产率来提高居民的劳动报酬，通过提高居民的资金回报来提高居民的财产性收入，促进居民收入的提高；同时，居民收入的提高又促进居民消费的提高，从而提高企业的经济效益和企业资本的回报。一国经济与金融的发展必须小心翼翼地维持消费需求与居民收入之间的良性互动，也就必须注意引导股票市场的良性发展。

6.3.4　发展股票市场的具体建议

发展股票市场，除采取有效措施吸引企业前来上市之外，更重要的是提高股票买方的积极性。因为，市场经济中的市场，大部分为买方市场，股票市场也不例外。所以，我国要尽量降低股票市场的波动率，提高股票市场的收益率，以增加股票这种资产对居民的吸引力。为此，兹提出三条政策建议：

(1) 如果把整个经济金融体系中的流动性比作大河，那么股票市场的流动性只是其中一条小河，"大河有水小河满，大河无水小河干"，货币发行机构应保持适度宽松的货币政策，保持必要的货币增长速度，保持经济金融体系中流动性的充裕。

(2) 需要政府监管部门尽自己的努力，为股市提供优质的可上市的企业资源，从源头上把关。基于"新兴＋转轨"的国情，市场化的改革方向并不必然否定政府调控。作为金融高度发达的国家，美国、英国、德国在面对仍未消弭的金融危机的时候，也采取了非市场化的调控措施——禁止"裸卖空"[125]。同时，政府尽可能为股票市场的稳健发展创造必要条件，保持对股市利益的积极关注，使中国股票市场过度波动的顽疾得以根治。

(3) 需要证券公司、会计师事务所、律师事务所等中介服务机构有效履行其职责，防止上市公司欺诈发行、重大事项隐瞒、内幕交易以及会计报表造假；需要社会保险资金、保险资金、企业年金等各类长线资金保持进入股市的步伐，积极逢低介入蓝筹股，在市场调整时维护市场的稳定。

6.4　建立扩大消费信贷的长效机制

由于消费信贷的发展可以有力地平滑一个人一生的收入流与消费流，使年轻人在最需要消费的时候实现消费，从而破解年轻人的流动性约束，促进消费的发展。所以，大部分学者认为，消费信贷会直接或间接地扩大国内消费需求。从我国商业银行对住户部门的信贷情况来看(见表 6-2)，住户部门的贷存比非常低，2011 年 12 月的数据为 38.7%，大大低于同时期金融机构总的贷存比 70.4%，这意味着住户部门作为一个整体，资产负债率很低，财务杠杆较小，消费性贷款和经营性贷款有安全而较大的发展空间。进一步分析(见表 6-3)表明，消费性贷款占银行总贷款的比重非常低，例如，2011 年 12 月的数据为 15.3%。而且消费性贷款中，以房地产抵押贷款为主的中长期消费贷款占消费性贷款的主要部分，2011年 12 月，这一数据为 84.67%。同一时期，剔除中长期消费贷款的住户部门贷款占总贷款的比例为 10.47%(计算式子为[(4)-(7)]/(3)，根据表 6-2，表 6-3 中的相应数据可以很简单地算出)。反观美国银行业,剔除房地产抵押贷款之后的个人贷款占总贷款的比例为18.07%[115]。所以,我国需要化解消费信贷发展过程中的制约因素,建立扩大消费信贷的长效机制。首先,要保持货币供给充裕,货币紧缩无疑会推高消费信贷的利率,加剧居民消费时面临的流动性约束,不利于消费信贷的发展(前面已探讨较多,此处不再展开论述);其次,要保持一个鼓励信贷适度扩张的监管环境,相关监管标准的拔高会降低商业银行扩张信贷的能力,消费信贷也不例外;第三,在整个监管标准不太高的前提下,调低商业银行对个人债权的风险权重,引导商业银行积极发放消费信贷;最后,积极推动消费信贷资产证券化,为商业银行所承担的消费信贷风险寻求资本市场出口,同时减少消费信贷对商业银行资本的占用。

表6-3　　金融机构本外币对住户部门的贷款情况　　　　单位:亿元人民币

项目 时间	消费性贷款 (5)	短期消费 性贷款 (6)	中长期消费 性贷款(7)	消费性贷款 占比 (5)/(3)	中长期消费性贷款占消费 性贷款比重 (7)/(5)
2011.12	88777.85	13607.42	75170.43	15.3%	84.67%
2010.12	75107.68	9600.52	65507.16	14.7%	87.22%
2009.12	55366.05	6401.97	48964.07	13%	88.44%
2008.12	37234.85	4153.79	33081.06	11.6%	88.84%
2007.12	32751.41	3118.00	29633.41	11.8%	90.48%

注:住户贷款包括对住户部门的消费性贷款和经营性贷款,其中,前者又可分为短期消费性贷款和中长期消费性贷款。中国人民银行在2006年及以前没有对居民户和非金融企业及其他部门进行分类。

资料来源:中国人民银行官方网站(http://www.pbc.gov.cn/publish/diaochatongjisi/133/index.html,2012-10-2)。

6.4.1　保持一个鼓励信贷合理扩张的商业银行监管环境

要扩大消费信贷的规模,就必须保持一个鼓励信贷合理扩张的商业银行监管环境。如果银行信贷受到严格控制,那么消费信贷将难以独善其身。如前所述,监管部门对商业银行的资本监管会对信贷供给(包括消费信贷)产生巨大影响,也就对经济发展产生了重要影响。银监会加强监管与央行收缩货币供给一样,都会使资金价格变高,使资金供给规模变小,从而对经济产生收缩效应。

据中国金融网报道[126],全球金融危机以来,按照二十国集团领导人确定的改革方向,金融稳定理事会和巴塞尔银行监管委员会积极推进国际金融监管改革。2010年11月,二十国集团首尔峰会批准了巴塞尔委员会起草的《第三版巴塞尔协议》(以下简称《巴塞尔协议Ⅲ》),确立了银行业资本和流动性监管的新标准,要求各成员国从2013年开始实施,

2019 年前全面达标。2011 年 11 月，二十国集团戛纳峰会要求各成员国带头实施国际新监管标准，并建立了国别评估机制。

就在全球银行业执行《巴塞尔协议Ⅲ》的日期日益临近时，先后传出了美国和欧洲推迟实施的消息。其中，美联储、美国联邦存款保险公司以及美国通货监理局于 2012 年 11 月联合宣布，美国将不会如期实施从 2013 年 1 月 1 日开始生效的《巴塞尔协议Ⅲ》。同时，欧盟官员表示："无论情况如何，新法都无法在 2013 年 1 月 1 日生效。"因为欧盟方面也正考虑将《巴塞尔协议Ⅲ》在欧洲的启用时间延后 6 个月，并且，若外交人士和议员不能在与此相关的新法规上打破僵局，延后的时间可能会更长。与欧美国家监管态度不同的是，中国银监会副主席王兆星日前公开明确表示，中国金融监管当局会坚定不移地在 2013 年 1 月 1 日推行新的国际资本监管标准，不会受美国、欧盟推迟实施的影响。

我们认为，中国的人均 GDP、人均货币拥有量、人均金融资产都远远地低于欧美发达国家，相比欧美发达国家，我国的资金并不充裕，中小城市、广大农村还非常需要资金投入。如前所述，银监会加强监管与央行收缩货币供给一样，都会使资金价格变高，使资金供给规模变小，从而对经济产生收缩效应。既然资金十分充裕、银行隔夜同业拆借利率趋近于 0 的欧美发达国家对《巴塞尔协议Ⅲ》都暂缓实行，那么中国在执行《巴塞尔协议Ⅲ》方面对欧美亦步亦趋比较好，这不仅使中国银行业与其欧美同行在一个共同的监管标准下公平竞争，也使得各国加强银行资本监管对经济产生同等的紧缩效应，使各国的经济在一个受同等监管约束的银行信贷支持下展开竞争。

6.4.2　调低商业银行对个人债权的风险权重

2012 年 6 月 7 日，中国银监会发布了《商业银行资本管理办法(试行)》(以下简称《资本办法》)，拟于 2013 年 1 月 1 日开始实施，与二十国集团戛纳峰会的要求相一致。《资本办法》是《巴塞尔协议Ⅲ》的中国版本，其关于商业银行对个人债权的风险权重在第六十五条，包括以下内容[88]：

(1) 个人住房抵押贷款的风险权重为 50%。

(2) 对已抵押房产，在购房人没有全部归还贷款前，商业银行以再评估后的净值为抵押追加贷款的，追加部分的风险权重为 150%。

(3) 对个人其他债权的风险权重为 75%。

商业银行对个人债权的风险权重有必要调低，这会大大促使消费信贷的发放，而且，消费信贷多发放一些也是安全的。也就是说，中国银监会调低商业银行对个人债权的风险权重之后，对商业银行消费信贷的安全性的影响非常小，这样既增加商业银行的贷款收益，同时又促进了居民消费需求的扩大。

首先，如前所述，2011 年 12 月，住户部门的贷存比为 38.7%，大大低于同时期金融机构总的贷存比 70.4%，意味着住户部门作为一个整体，资产负债率很低，财务杠杆较小，消费贷款和经营性贷款有安全而较大的发展空间。对银行来说，个人贷款客户的既有资产、将来收入都构成消费贷款本身的偿债基金，如果一个个人贷款客户，其现在的资产负债率较低，加上其将来收入，资产负债率将进一步降低，那么银行贷款的安全性将相当大，尤其是分期回收贷款本金的按揭方式。

其次，商业银行本身对个人贷款(对商业银行是债权)有详尽的信用分析，而且，商业银行目前还非常审慎。例如，就房地产抵押贷款来说，美国零利率、零首付的过度发放贷款的方式，在我国还没有出现。我国商业银行对房地产贷款抵押人的收入开支进行详尽考察，要求贷款人所有月供之和不得高于其月收入的二分之一。我国的房地产抵押贷款最低也有 20%的首付，而且是分期付款，贷款本金逐期回收，因此银行所承担的信用风险较少。

最后，中国文化里面没有过度信贷、过度消费，中国人对借贷消费还比较谨慎。任志强(2012)曾表示[127]：二十或三十年的(房地产)个贷，约 70%多的贷款人都在五到七年时提前还了。任志强的数据虽然不那么权威，但每逢年底，报纸上关于是否提前还贷的争论还是很多，许多手头上有资金结余或拿到年终奖的贷款人，往往盘算起提前还贷，从而减轻每月还贷压力[128]。这说明，过度消费并不是我国的文化。如果信贷消费成为一种时尚，这时银行面临的风险反而很大。

6.4.3　积极推动消费信贷资产证券化

所谓资产证券化，是将能够产生稳定现金流的一部分资产，打包建立一个资产池，并以其将来产生的现金收益为偿付基础发行证券。如果以信贷资产作为基础资产，则称之为信贷资产证券化。若以消费信贷资产作为基础资产，则称之为消费信贷资产证券化。信贷证券化的过程可以简要描述为：商业银行将符合要求的各类贷款作为基础资产进行组合打包，并切割为证券出售。这样，通过贷款的组合能有效分散单个贷款的特定风险；将贷款包拆细为标准化的证券，提高了资产的流动性；通过对信贷资产支持证券的结构划分，能满足不同的投资需求。

前面已经指出，我国消费信贷资产证券化受政策因素未能积极开展，这不利于消费信贷的发放，也不利于流动性约束的缓解。为此，应当超常规地推动消费信贷资产证券化，不仅是为了鼓励商业银行发放消费信贷，也是扩展我国金融市场的深度和广度的要求。另外，商业银行中短期理财产品，其资产池可以以中短期消费贷款为依托，例如耐用消费品的消费信贷，其分期付款款项就是符合固定收益证券产品所要求的稳定现金流。以消费贷款为依托的中短期理财产品也实现了资金供给与资金需求的直接对接，可以起到与消费信贷资产证券化相类似的作用，也可以分散商业银行所承担的消费信贷风险，盘活了商业银行的存量信贷资产，同时减少了消费信贷对商业银行资本的占用。

6.5　发挥人寿保险市场在降低居民支出不确定性上的作用

前面已经知道，医疗和养老是我国居民预防性储蓄的重要来源，除了加大医疗和社会保障方面的财政支出力度之外，人寿保险市场可在这些方面起到难以替代的重要作用。由于我国人寿保险市场当前的规模偏小，且纯保障型产品的比重偏低，因而难以起到有效降低居民在医疗支出、养老支出方面的不确定性，从而扩大居民现期消费的作用。为此，要扩大居民消费需求，就需要做大我国人寿保险市场的规模；要做大市场规模，就离不开有效的宣传引导和相关的政策支持。

6.5.1　注重宣传引导

当前，我国人寿保险市场的发展面临与整个保险业一样的难题，正如中国保监会现任主席项俊波(2012)[129]所指出的：“保险业的行业社会形象不佳，理赔难、销售误导、推销扰民等损害保险消费者利益的问题反映强烈，且长期以来未能得到较好解决，导致消费者对该行业失去信任。”

(1) 通过多渠道的保险知识普及，增强社会公众保险意识和风险意识。

目前，我国社会公众的风险意识和保险意识都亟待加强，要通过电视、报纸、官方微博、官方博客以及网站来加大保险知识普及的力度；要通过保险知识和保险案例进社区、进学校以及保险知识竞赛等活动来提高社会公众的保险意识；要通过杜绝销售误导、强化保险从业人员素质来树立保险业的形象。

(2) 保险公司积极理赔，以行动作宣传。

投保人支付保费的时间在前，甚至延续的时间较长，作为保险人的保险公司承担赔偿或给付保险金责任的时间在后，所以，信任是人寿保险市场发展的基石。要赢得居民的信任，行动才是最好的力量。只有保险公司不断积极地理赔，才能赢得被保险人和投保人的信任，从而有效扩大人寿保险市场的规模。

6.5.2　完善政策支持

人寿保险市场与国计民生紧密相关，具有较强的社会福利效应。国家应出台优惠的财税政策，支持人寿保险市场中商业养老保险、健康保险、大病保险的发展，并注意其中的公平性。目前，确定要在上海试点的“个人延税型养老保险”由于考虑到对试点地区和非试点地区人才的激励不同，而尚未真正施行。郝演苏(2013)表示[130]：通过个税递延养老保险政策来稳定中等收入的养老预期，对于社会稳定和扩大消费具有重要作用。但是，由高素质劳动者所构成的潜在个税递延养老保险群体因工作区域的差异而在中短期内无法真正获得个税递延养老保险的政策红利,这势必会影响高学历、高素质劳动者到西部落后地区发展的积极性,从而继续拉大东西部劳动者素质的差距,对于我国经济社会均衡发展将形成严重的负面效应。

任何一项政策如同每一味药一样,都有其利弊,关键是对利弊的权衡不同。本书同意郝演苏的分析,但认为"个人延税型养老保险"值得试点。以优惠的财税政策,来支持人寿保险市场中商业养老保险、健康保险、大病保险的发展,最终受益于全体居民,在试点初期引发的潜在负面影响可以考虑通过其他途径予以减轻。如前所述(见 4.1.4 节),我国人口老龄化趋势日益明显,"421"家庭逐渐增多,家庭的养老负担成倍增加,这说明发展人寿保险市场的必要性和紧迫性都比较强。建议政府以优惠的财税政策,支持居民个人承担其未来养老、医疗的部分责任,即鼓励居民自身购买商业养老保险、健康保险、大病保险等人寿保险,这也是从财政支出之外的另一个层面体现政府对居民养老和医疗的责任。

在优惠政策的实施过程中,为避免收入分配因此而扩大,在政策的具体操作层面,可以加入公平的考量,例如,可对个人延税保险的优惠税率做出一些限额或对其优惠数额做出一些累进累退上的处理。

6.6　本章小结

本章运用理论分析方法,研究了扩大居民消费需求的金融政策。

其一,适度放松货币供给。建议我国央行在进行货币供给时,更多地考虑利率和经济增长因素,既通过经济增长提高居民收入来扩大居民消费,又通过降低利率改善流动性约束扩大居民消费。

其二,利率市场化的核心影响就是为各商业银行之间开展价格竞争创造了制度前提。在货币充裕的条件下积极开展利率市场化,发挥利率市场化对居民收入和居民间收入分配的良性作用。如果在货币紧缩的环境下开展利率市场化,会带来利率的飚升,对作为资金净需求方的企业、对股票市场都有极大的负面影响,银行利差也会扩大,从而恶化企业、居民与银行部门之间的收入分配关系。

其三,发挥股票市场在提高居民收入上的作用。发展股票市场对提高企业资本存量,促进企业的资本积聚与集中,提高劳动的边际生产率具有重要意义。通过股票市场的发展还可以改善居民的资产结构,提高居民的财产性收入。

其四,建立扩大消费信贷的长效机制。具体措施包括保持一个鼓励信贷合理扩张的商业银行监管环境,调低商业银行对个人债权的风险权重以及积极推动消费信贷资产证券化。

其五,发挥人寿保险市场在降低居民支出不确定性上的作用。一方面要注重宣传引导,增强社会公众的保险意识和风险意识;另一方面,人寿保险市场与国计民生相关,具有较强的社会福利效应,政府应当出台优惠的财税政策,支持其发展。

第7章 结论与展望

　　本书在梳理、总结、归纳相关理论与文献的基础上，分析了我国居民消费的现状与存在的问题，研究了制约我国居民消费的财税金融因素，探讨了扩大我国居民消费需求的财税政策与金融政策。本章的任务是，首先阐述本书的主要研究结论，总结本书存在的创新点，并指出本书研究的不足与局限，最后提出未来的研究展望。

7.1 结　论

7.1.1 结论

　　综合本书全部研究内容，得出如下结论：

　　(1) 我国城镇居民的消费不足主要体现为城镇居民家庭消费意愿的下降，即平均消费倾向的下降和边际消费倾向的低下；我国农村居民的消费不足主要体现为其消费能力，即收入水平的低下。

　　(2) 消费理论的发展过程隐含着如下政策：扩大居民消费需求的政策，必须要围绕提高居民收入、减少居民收入的不确定性、降低流动性约束以及缩小居民间的收入分配差距来展开。对我国居民消费的现状分析中发现：其一，只有有效提高居民收入，消费才能进一步升级；其二，缩小居民间的收入分配差距会提高居民总体的消费倾向；其三，对住房、医疗保健的刚性需求会产生大额刚性支出，增加预防性储蓄，从而降低居民消费倾向。

　　(3) 制约我国居民消费的财税因素包括：

　　① 财政收入的高速增长。它促使财政收入占 GDP 的比重上升，居民可支配收入占 GDP 的比重下降，居民消费率因此而下滑。

　　② 税制结构不合理。采纳累进税率的直接税的比重偏低，不利于缩小收入分配差距，从而不利于居民消费的扩大。

　　③ 行政管理支出占财政支出的比重偏高，对居民消费率有显著的负向影响。

　　④ 民生支出比重偏低，难以有效降低居民的预防性储蓄。

(4) 制约我国居民消费的金融因素包括:

① 货币供给不足。它不仅不利于居民收入的增长,而且强化了居民消费时所面临的流动性约束。

② 股票市场的糟糕表现。它制约居民收入的增长。

③ 商业银行监管标准的提高。它相当于货币紧缩。

④ 消费信贷资产证券化仍未积极开展。这不利于鼓励商业银行对消费信贷的发放,从而不利于流动性约束的缓解。

⑤ 人寿保险市场的规模偏小,难以起到有效降低居民在医疗支出、养老支出方面的不确定性,从而扩大居民现期消费的作用。

(5) 扩大居民消费需求的财税政策有:

① 降低财政收入的增长速度。具体措施有整顿非税收入、切实减轻纳税人负担、以房产税代替土地出让金。

② 调整税制结构。增加直接税所占税收收入比重,开征遗产税和赠与税,降低商品税所占税收收入比重。

③ 调整财政支出结构。包括控制行政管理支出、减少生产建设方面的财政支出、增加与优化民生方面的财政支出以及取消出口退税。

(6) 扩大居民消费需求的金融政策有:

① 适度放松货币供给,既通过提高居民收入扩大居民消费,又通过降低利率、改善流动性约束扩大居民消费。

② 在货币充裕的条件下积极开展利率市场化,发挥利率市场化对居民收入和居民间收入分配的良性作用。

③ 发挥股票市场在提高居民收入上的作用。发展股票市场对提高企业资本存量、促进企业的资本积聚与集中、提高劳动的边际生产率具有重要意义。通过股票市场的发展还可以改善居民的资产结构,提高居民的财产性收入。

④ 建立扩大消费信贷的长效机制。具体措施包括保持一个鼓励信贷合理扩张的商业银行监管环境,调低商业银行对个人债权的风险权重以及积极推动消费信贷资产证券化。

⑤ 发挥人寿保险市场在降低居民支出不确定性上的作用,具体措施包括注重宣传引导和完善政策支持。

7.1.2　创新之处

综合全书研究内容,其创新之处有以下四个方面:

(1) 理论上判断,行政管理支出的高速增长对居民消费有诸多不利影响,政府行政管理支出占财政支出的比重越高,居民消费率越低,但对此进行计量实证的研究较少。书中构建了一个部分调整模型，利用 1978—2011 的时间序列数据，证明了行政管理支出占财政支出的比重的上升对居民消费率有显著的负向影响，行政管理支出占财政支出的比重每上升 1 个百分点，居民消费率将下降 0.174 个百分点。

(2) 由于前人在扩大居民消费需求的财税政策研究中，大都在财税视角范围内研究，缺乏从财税与金融相互联系的角度来研究。本书以金融视角来考虑扩大居民消费的财税政策，提出并论证了取消出口退税，以房产税代替土地出让金的政策建议。

(3) 由于前人在扩大居民消费需求的金融政策研究中，都是把充裕的货币供给作为既定前提来展开研究的。考虑到货币供给不足对居民收入和居民消费的负面影响，本书进行了货币是否超发、货币供给是否不足的研究。本书在费雪的货币数量说框架下，逐一考察了我国中长时期的交易量、货币数量、物价，证明了中美 M2 的自由度不同，说明中国不存在货币超发的现象。综合考虑当前的利率、汇率与物价等金融指标，运用反证法证明了我国当前的货币供给是不足的。

(4) 利率市场化的核心影响就是为各商业银行之间开展价格竞争创造了制度前提。本书在货币供求关系框架内论证了要在货币充裕的前提下积极开展利率市场化。只有这样，才有利于缩小银行存贷利差，发挥利率这种价格竞争的良性作用，有利于扩大居民收入并改善居民间的收入分配，从而有利于居民消费需求的扩大。

7.2 研究不足与展望

7.2.1 研究不足

本书存在以下几个方面的不足：

(1) 研究样本的选取受到限制。

本书的实证研究选取的都是年度时间序列数据，既没有引入季度数据，也没有引入分省市的面板数据，这在分析单项因素对居民消费的制约作用时影响较小，但在面对多个因素对居民消费需求的制约作用时，便显出样本观测值个数过少对实证研究的限制作用来。毕竟多个因素的同时引入会产生消耗自由度的问题，从而对观测值个数提出更高的要求。

(2) 研究方法与研究设计的限制。

在制约居民消费需求的财税金融因素的研究中，还有不少因素停留在描述统计和理论分析的层次上，没有使用计量等实证研究方法展开更加深入的研究。本书也没有将若干财税金融因素放在一个理论模型中进行实证研究。

(3) 研究内容的限制。

在扩大居民消费需求的财税政策和金融政策的研究中，大都提出了各项政策的实施方向，但对各项政策的实施力度并没有作过多的回答。另外，在制约居民消费需求的金融因素分析和相应的政策研究中，还没有深入地探讨债券市场对利率市场化、对居民资产结构调整从而对居民消费需求影响的理论机制。

7.2.2　展望

本书对制约我国居民消费需求的财税金融因素进行了较为详尽的分析，有利于作者和其他学者在这一论题上继续展开研究。展望未来，可在以下方面对这一论题展开进一步的研究。

(1) 按政府部门，展开对扩大居民消费需求的政策研究。例如，财政部应当采取哪些政策，国税总局又应当采取哪些政策。

(2) 本书中谈到，政府应出台优惠的财税政策，支持人寿保险市场中的商业养老保险、健康保险、大病保险的发展，并注意其中的公平性。但究竟如何支持才能保持公平，这需要专文研究才能回答。

附 录

附录1 居民消费率(Y_t)与居民可支配收入占GDP比重(X_{1t})一览表

年份	居民消费率	居民可支配收入占 GDP 的比重*	年份	居民消费率	居民可支配收入占 GDP 的比重*
1978	0.48788	0.457039	1995	0.448768	0.452804
1979	0.491497	0.494869	1996	0.457851	0.464369
1980	0.507566	0.530471	1997	0.452145	0.464749
1981	0.524657	0.553306	1998	0.453352	0.468620
1982	0.519302	0.573631	1999	0.460032	0.480032
1983	0.519787	0.591085	2000	0.464355	0.476408
1984	0.508237	0.585682	2001	0.453424	0.475087
1985	0.516421	0.558099	2002	0.440393	0.481812
1986	0.504553	0.552924	2003	0.421992	0.472325
1987	0.498974	0.533460	2004	0.405193	0.455858
1988	0.511294	0.511658	2005	0.389272	0.444163
1989	0.509066	0.523404	2006	0.370772	0.423464
1990	0.488474	0.534140	2007	0.361338	0.420032
1991	0.475281	0.500614	2008	0.353416	0.411672
1992	0.471613	0.478294	2009	0.354339	0.419534
1993	0.444314	0.444401	2010	0.349436	0.414853
1994	0.434993	0.446216	2011	0.354164	0.421837

*：居民可支配收入＝城镇居民人均可支配收入×城镇人口＋农村居民人均纯收入×农村人口，数据经过四舍五入处理，保留小数点后六位数。

资料来源：历年中国统计年鉴。

附录 2　我国行政管理支出的灰色预测

灰色系统研究的对象是部分信息已知而部分信息未知的小样本、贫信息和不确定系统。灰色系统预测方法具有预测精度高、所需原始信息少、计算过程简单等优点，因此得到了广泛应用。曹飞(2012)指出[①]，灰色系统预测通常采用 GM(1，1)模型，该模型仅适用于具有较强指数规律的序列，只能描述单调变化的过程，而反映不出摆动的情况，若对一些数据有摆动的情况仍采用 GM(1，1)模型预测，则误差相对较大。影响行政管理支出的因素是多方面的灰色系统，而且存在数据摆动的情况，为此，有必要借鉴曹飞(2012)的研究思路，使用 GM(1，1)残差模型来进行我国行政管理支出的预测。对该模型的验证和分析表明，GM(1，1)残差模型适用于我国行政管理支出的预测，而且具有较高的预测精度。

1. GM(1, 1)模型及 GM(1, 1)残差模型

(1) GM(1, 1)模型[②]。

设 $X(0) = \{x^{(0)}(1),\ x^{(0)}(2),\ \cdots,\ x^{(0)}(k)\}$ 为系统输出的非负原始数列。其中 $x^{(0)}(k)>0$, $k = 1$, 2，$\cdots$，n；$X^{(1)}$ 为 $X^{(0)}$ 的 1-AGO 序列，有

$$X(1) = (x^{(1)}(1),\ x^{(1)}(2),\ \cdots,\ x^{(1)}(n))$$

其中

$$x^{(1)}(k)=\sum_{i=1}^{k} x^{(0)}(i)\ ,\ \ k = 1,\ 2,\ \cdots,\ n \tag{1}$$

$Z^{(1)}$ 为 $X^{(1)}$ 的紧邻均值生成序列；$Z^{(1)} = (z^{(1)}(2)\cdots,\ z^{(1)}(n))$，其中

$$z^{(1)}(k) = 0.5(x^{(1)}(k) + x^{(1)}(k-1)),\ \ k = 2,\ 3,\ \cdots,\ n \tag{2}$$

$x^{(0)}(k) + az^{(1)}(k) = b$ 为 GM(1，1)的基本形式。a 为发展灰数，b 为灰色作用量。求解微分方程，即可得时间相应序列为

$$\hat{x}^{(1)}(k+1) = \left[x^{(0)}(1) - \frac{b}{a}\right]\exp(-ak) + \frac{b}{a} \tag{3}$$

预测函数为

---

① 曹飞. 基于灰色残差模型的中国铁路货运量预测[J]. 北方经贸，2012，(7): 108-109.

② 刘思峰，党耀国，方志耕. 灰色系统理论及其应用[M]. 北京：科学出版社，2004.126-129.

$$\hat{x}^{(0)}(k+1) = (1-e^a)\left[x^{(0)}(1) - \frac{b}{a}\right]\exp(ak) \tag{4}$$

(2) GM(1, 1)残差模型[1][2]。

按照式(4)可得到一组预测数列为

$$\hat{x}^0(k) = \{\hat{x}^0(1), \hat{x}^0(2), \ldots, \hat{x}^0(n)\}$$

记 $e^{(0)}(k) = x^{(0)}(k) - \hat{x}^{(0)}(k)$；$k = 1, 2, \cdots, n$ 为残差序列，对 $e^{(0)}(k)$ 取部分子数列，重新排序有：

$$e^{(0)}(k') = \left\{e^{(0)}(1'), e^{(0)}(2'), e^{(0)}(n')\right\}$$

对 $e^{(0)}(k')$ 建模的要求如下：

① 当数列中的数均为正时，直接建立 GM(1，1)模型；

② 当数列中的数均为负时，不考虑符号，建立 GM(1，1)模型，求出结果再加上符号；

③ 当数列中的数有正、有负时，要先做非负处理，即都加上最小负数 2 倍的绝对值，然后建立 GM(1, 1) 模型，求出反馈值后再减去最小负数 2 倍的绝对值即可。

(3) 对 $e^{(0)}(k')$ 建立 GM(1，1)模型，其时间响应函数的离散形式为

$$\hat{e}^{(0)}(k'+1) = (1-e^{a'})\left[e^{(0)}(1') - \frac{b'}{a'}\right]\exp(a'k)$$

(4) 以 $\hat{e}^0(k'+1)$ 作为 $\hat{x}^0(k+1)$ 的修正模型可得：

$$\hat{x}^{(0)}(k+1) = (1-e^a)\left[x^{(0)}(1) - \frac{b}{a}\right]\exp(ak) + \delta(k-i)(1-e^{a'})\left[e^{(0)}(1') - \frac{b'}{a'}\right]\exp(a'k')$$

其中，当 $k \geq i$ 时，$\delta(k-i) = 1$；当 $k < i$ 时，$\delta(k-i) = 0$。

2. 我国行政管理支出的预测与比较

(1) GM(1, 1)模型的模拟分析。

原始序列为

$X^{(0)} = \{$1358.85, 1600.27, 2020.6, 2768.22, 3512.49, 4101.32, 4691.26, 5521.986512.34, 7571.05$\}$

---

① 何海，陈绵云. GM(1，1)模型预测公式的缺陷及改进[J]. 武汉理工大学学报，2004，26(7): 81-83.

② 俞锋. GM(1，1)残差模型在民航客运量预测中的应用[J]. 西华大学学报：自然科学版，2006(6):29-30.

其生成累加序列为

$X^{(1)} = \{1358.85, 2959.12, 4979.72, 7747.94, 11260.43, 15361.75, 20053.01, 25574.99,$
　　　$32087.33, 39658.38\}$

经灰色预测软件运算得：

$$a = -0.172562, \quad b = 1560.9804, \quad b/a = -9045.885$$

时间响应函数为

$$\hat{x}^{(1)}(k+1) = 10404.7352 \times \exp(0.172562 \times k) - 9045.885$$

预测值为

$$x^{(0)}(k+1) = (1 - \exp(-0.172562) \times (1358.85 + 9045.885) \times \exp(-0.172562 \times k)$$

具体预测结果为表 1 的第 3、4、5 列，GM(1，1)模型预测的平均相对误差为 5.948%，表明预测结果并不理想。

(2) GM(1，1)残差模型的模拟分析。

通过表 1 第 4 列可得，$e^{(0)}(k)$ 分别为(359.42，308.19，−0.81，−223.85，−193.28，−47.15，−3.17，45.91，222.42)。

对残差序列进行正化处理以后，按照 GM(1，1)模型进行拟合运算得：

$$a' = -0.015391, \quad b' = 420.84, \quad b'/a' = -27343.93$$

时间响应函数为

$$\hat{e}^{(1)}(k'+1) = -28151.0518 \times \exp(-0.015391') - 27343.93$$

预测值为

$$e^{(0)}(k+1) = (1 - \exp(0.015391)) \times (-716.52 + 2|-223.85| + 27343.93)$$
$$\times \exp(0.015391 \times k) - 2|-223.85|$$

其中，当 $k \geq 2$ 时，$\delta(k-i) = 1$；当 $k < 2$ 时，$\delta(k-i) = 0$。

GM(1，1)残差模型预测的平均相对误差仅为 0.348%，预测精度是 GM(1，1)模型的 17.1 倍，可见，使用 GM(1，1)残差模型来预测，预测的精度得到了大幅度提高。GM(1，1)残差模型预测的具体结果见表 1 第 6、7、8 列。

表1　我国行政管理支出(1997—2006)的原始数据及 GM(1, 1)模型、
GM(1, 1)残差模型预测结果的比较

年份	原始数据 (亿元)	GM(1,1)预 测值(亿元)	GM(1,1)绝对 误差(亿元)	GM(1,1)相 对对误差 (%)	GM(1,1)残差 预测值(亿元)	GM(1,1)残差 绝对误差 (亿元)	GM(1,1)残差 相对对误差 (%)
1997	1358.85	—	—	—	—	—	—
1998	1600.27	1959.69	359.42	22.46	—	—	—
1999	2020.6	2328.79	308.19	15.25	2009.51	−11.09	−0.55
2000	2768.22	2767.41	−0.81	−0.0230	2763.91	−4.31	−0.16
2001	3512.49	3288.64	−223.85	−6.37	3515.05	2.563	0.073
2002	4101.32	3908.04	−193.28	−4.71	4110.87	9.55	0.23
2003	4691.26	4644.11	−47.15	−1.01	4707.90	16.64	0.35
2004	5521.98	5518.81	−3.17	−0.006	5545.82	23.84	0.43
2005	6512.34	6558.25	45.91	0.71	6543.49	31.15	0.48
2006	7571.05	7793.47	222.42	2.94	7609.63	38.58	0.51

3. 五步预测与结论

利用上述模型对 2017—2011 年的我国行政管理支出进行五步预测，预测结果如表 2 所示。

表2　我国行政管理支出五步预测结果　　　　　　　　单位：亿元

2007	2008	2009	2010	2011
8097.94	9622.16	11432.07	13581.56	16134.53

参 考 文 献

[1] 李云崔. 货币政策刺激消费需求的效应分析[J]. 金融经济，2010(10)：18-21.

[2] 新华网. 十八大报告(全文) [EB/OL]. http: //www. xj. xinhuanet. com/2012-11/19/ c_113722546. htm，2012-11-19.

[3] 中央政府门户网站. 中央经济工作会议举行 习近平温家宝李克强讲话[EB/OL]，http: // www. gov. cn/ldhd/2012-12/16/content_2291602. htm，2012-12-16.

[4] 国务院办公厅. 正确认识进一步扩大消费需求的重要意义[EB/OL]，http: //www.gov. cn/node_ 11140/2006-03/15/content_227634. htm，2006-3-15.

[5] 邓子基，陈工. 财政学[M]. 2 版. 北京：中国人民大学出版社，2010.

[6] 易纲，吴有昌. 货币银行学[M]. 上海：上海人民出版社，1999.

[7] 约翰·梅纳德·凯恩斯(John Maynard Keynes). 就业、利息和货币通论[M]. 魏埙，译. 西 安：陕西人民出版社，2004.

[8] 杨天宇. 中国的收入分配与总消费：理论和实证研究[M]. 北京：中国经济出版社，2009.

[9] Aalbert Ando and Franco Modigliani. The Life-Cycle Hypothesis of Saving: Aggregate Implications and Tests[J]. American Economic Review，1963，53(1): 55-84.

[10] Milton Friedman. A Theory of Consumption Function[M]. Princeton University Press， Princeton，NJ，1957.

[11] 徐索菲. 中国城镇居民消费需求变动及影响因素研究[D]. 长春：吉林大学，2011.

[12] Marjorie A. Flavin. The Adjustment of Consumption to Changing Expectations about Future Income[J]，Journal of Political Economy，1981，89(5): 974-1009.

[13] Campell John and Angus Deaton. Why Is Consumption So Smooth? [J]，Review of Economic Studies，1989，56(3): 357-373.

[14] Hayne E. Leland. Saving and Uncertainty: The Precautionary Demand for Saving[J]， Quartely Journal of Economics，1968，82(3): 465-473.

[15] Fumio Hayashi. The Permanent Income Hypothesis: Estimation and Testing by Instrumental Variables，Journal of Political Economy，1982，90(5): 895-916.

[16] Fumio Hayashi. The Effect of Liquidity Constraints on Consumption: A Cross-sectional Analysis，Quartely Journal of Economics，1985，100(1): 183-206.

[17] Kalecki M. Selected Essays on the Dynamics of the Capitalist Economy: 1933-1970[M]. Cambridge: Cambridge University Press，1971.

[18] Weintraub S. Modern Economic Thought[M]. Oxford: Bail Blackwell，1983.

[19] 赵友宝, 张越玲. 消费需求不足的收入分析[J]. 财经科学, 2000(4): 75-78.

[20] 袁志刚, 朱国林. 消费理论中的收入分配与总消费[J]. 中国社会科学, 2002 (2): 69-76.

[21] 朱国林, 范建勇, 严燕. 中国的消费不振与收入分配: 理论与数据[J]. 经济研究, 2002(5): 72-80.

[22] 臧旭恒, 张继海. 收入分配对中国城镇居民消费需求影响的实证分析[J]. 经济理论与经济管理, 2005, (6): 5-10.

[23] 娄峰, 李雪松. 中国城镇居民消费需求的动态实证分析[J]. 中国社会科学, 2009(3): 109-115.

[24] 范金, 袁小慧, 徐浩然. 江苏农村居民收入差距、消费差异与消费潜力研究: 基于江苏农村细化 SAM 的乘数分析[J]. 系统工程理论与实践, 2006, (11): 54-60.

[25] 曾国安, 胡晶晶. 论 20 世纪 70 年代以来中国城乡居民收入差距的变化及其对城乡居民消费水平的影响[J]. 经济评论, 2008(1): 45-54.

[26] 李军. 收入差距对消费需求的定量分析[J]. 数量经济技术经济研究, 2003(9): 5-11.

[27] 张颖熙, 柳欣. 刺激国内消费需求增长的财政政策效应分析[J]. 财经科学, 2007(9): 45-52.

[28] 方福前. 中国居民消费需求不足原因研究: 基于中国城乡分省数据[J]. 中国社会科学, 2009(2): 68-82.

[29] 刘社建, 李振明. 扩大消费研究: 提高劳动者报酬份额的思路[J]. 上海经济研究, 2010(2): 13-19.

[30] 宋铮. 中国居民储蓄行为研究[J]. 金融研究, 1999(6): 46-50.

[31] 龙志和, 周浩明. 中国城镇居民预防性储蓄实证研究[J]. 经济研究, 2000(11): 33-38.

[32] 罗楚亮. 经济转轨、不确定性与城镇居民消费行为[J]. 经济研究, 2004(4): 100-106.

[33] 李通屏, 王金营. 中国农村居民人力资本投资对消费行为的影响[J]. 经济评论, 2007(1): 44-50.

[34] 杭斌, 郭香俊. 基于习惯形成的预防性储蓄: 中国城镇居民消费行为的实证分析[J]. 统计研究, 2009(3): 38-43.

[35] 刘建国. 我国农户消费倾向偏低的原因分析[J]. 经济研究, 1999(3): 52-58 及 65.

[36] 万广华, 张茵, 牛建高. 流动性约束、不确定性与中国居民消费[J]. 经济研究, 2001(11): 35-44.

[37] 潘彬, 徐选华. 资金流动性与居民消费的实证研究: 经济繁荣的不对称分析[J]. 中国社会科学, 2009(4): 43-53.

[38] 王东京, 李莉. 论消费信贷与国内需求[J]. 财贸经济, 2004(4): 14-20.

[39] 刘溶沧, 马拴友. 论税收与经济增长: 对中国劳动、资本和消费征税的效应分析[J]. 中

国社会科学，2002(1)：67-76.

[40] 胡书东. 中国财政支出和民间消费需求之间的关系[J]. 中国社会科学，2002(6)：26-32.

[41] 申琳，马丹. 政府支出与居民消费：消费倾斜渠道与资源撤出渠道[J]. 世界经济，2007(11)：73-79.

[42] 张治觉，吴定玉. 我国政府支出对居民消费产生引致还是挤出效应：基于可变参数模型的分析[J]. 数量经济技术经济研究，2007(5)：53-61.

[43] 李树培，白战伟. 改革开放三十年政府支出与居民消费关系的动态演变：基于时变参数模型的考察[J]. 财经科学，2009(9)：49-57.

[44] 陈娟，林龙，叶阿忠. 基于分位数回归的中国居民消费研究[J]. 数量经济技术经济研究，2008(2)：16-27.

[45] 楚尔鸣，鲁旭. 基于面板协整的地方政府支出与居民消费关系的实证检验[J]. 经济理论与经济管理，2008(6)：5-10.

[46] 袁志刚，宋铮. 人口年龄结构、养老保险制度与最优储蓄率[J]. 经济研究，2000(11)：24-32.

[47] 李文星，徐长生，艾春荣. 中国人口年龄结构和居民消费：1989-2004[J]. 经济研究，2008(7)：118-129.

[48] 康建英. 人口年龄结构对我国消费的影响[J]. 人口与经济，2009(2)：60-64.

[49] 王新利，吕火花. 农村流通体系对农村消费的影响[J]. 农业经济问题，2006(3)：69-71.

[50] 郝爱民. 农户消费决定因素：基于有序 Probit 模型[J]. 财经科学，2009(3)：98-105.

[51] 屈韬. 中国农村消费行为及其制约因素分析[J]. 经济学家，2009(9)：54-60.

[52] 岳树民. 运用财政税收政策扩大居民消费需求[J]. 税务研究，2009(1)：18-22.

[53] 郑幼锋. 促进消费的税收政策研究[J]. 税务与经济，2009(5)：85-89.

[54] 王春雷. 进一步扩大居民消费的税收政策研究[J]. 财政研究，2010(5)：40-42.

[55] 杨卫华，叶杏娟. 运用税收手段，增强居民消费能力[J]. 税务研究，2010(3)：23-28.

[56] 张红. 协调消费与投资的税收手段：对社会保障税的分析[J]. 特区经济，2007(10)：162-164.

[57] 马海涛，和立道. 税收政策、居民消费潜力与扩大内需[J]. 山东经济，2011(3)：15-21.

[58] 洪源，肖海翔. 收入差异、消费特征与税收政策的有机匹配[J]. 改革，2009(10)：73-79.

[59] 姚稼强. 扩大国内消费需求的税收政策建议[J]. 税务研究，2010(1)：30-32.

[60] 刘潇. 股票市场发展对居民消费的影响分析：基于中国 1994-2010 年数据的实证分析[J]. 西部金融，2010(11)：69-70.

[61] 苏宁华. 财政政策与资本市场对扩大内需的不同影响[J]. 经济学家，2000，(4)：9-12.

[62] Christina D. Romer. The great crash and the onset of the great depression, Quarterly

Journal of Economics，1990，105(3): 597-624.

[63]　叶耀明，王胜. 关于金融市场化减少消费流动性约束的实证分析[J]. 财贸研究，2007，(1)：80-86.

[64]　萨威格(F. Zweig). 消费者信用论[M]. 上海：商务印书馆，1936：173-186.

[65]　霍曲莱(R. V. Hawtrey). 中央银行经营论[M]. 上海：世界书局，1947：211-218.

[66]　Stephen P. Zeldes. Consumption and Liquidity Constraints，An Empirical Investigation. Journal of Political Economy，1989，97(2): 205-346

[67]　Sydney Ludvigson. Consumption and Credit A Model of Time Varying Liquidity Constraints. Federal Reserve Bank of New York Research 1999: 9624.

[68]　易宪容，黄瑜琴，李薇. 消费信贷、信用约束与经济增长[J]. 经济学动态，2004，(4)：36-40.

[69]　蔡浩仪，徐忠. 消费信贷、信用分配与中国经济发展[J]. 金融研究，2005，(9)：63-75.

[70]　张涛，龚六堂，卜永祥. 资产回报、住房按揭贷款与房地产均衡价格[J]. 金融研究，2006，(2)：1-11.

[71]　楚尔鸣. 扩大消费需求必须重视金融政策[J]. 消费经济，2009，(1)：9-11.

[72]　江春，江鹏. 金融发展如何更好地改善收入分配：理论进展与中国对策[J]. 金融发展研究，2011，(11)：3-6.

[73]　伊志宏. 消费经济学[M]. 2版. 北京：中国人民大学出版社，2012.

[74]　古炳鸿，李红岗，叶欢. 我国城乡居民边际消费倾向变化及政策含义[J]. 金融研究，2009，(3)：199-206.

[75]　曾五一. 统计学概论[M]. 北京：首都经济贸易大学出版社，2003.

[76]　J. Johnson. Econometric Methods[M]. New York: McGraw-Hill，1984.

[77]　中国网. 国家中长期教育改革和发展规划纲要(2010—2020 年)[EB/OL]. http://www. china. com. cn/policy/txt/2010-03/01/content_19492625_3. htm，2012-9-2.

[78]　马寅初. 通货新论[M]. 北京：商务印书馆，2010.

[79]　(美)邹至庄(Gregory C. Chow). 中国经济转型[M]. 曹祖平，等，译. 北京：中国人民大学出版社，2005.

[80]　张文. 经济货币化进程与内生性货币供给：关于中国高 M2/GDP 比率的货币分析[J]. 金融研究，2008(2)：13-32.

[81]　周立，蒋莉莉，黎振宇. 资源资本化推动下的中国货币化进程[J]. 广东金融学院学报，2010(5)：3-15.

[82]　曾刚. 银行信用创造过高或造成货币超发"假象"[N]. 中国证券报，2012-11-15，(A05).

[83]　弗雷德里克·S·米什金(Frederic S. Mishkin).货币金融学[M]. 9 版，郑艳文，荆国勇，

译. 北京：中国人民大学出版社，2011.

[84] 周小川. 周小川首次详解"池子论"，称外汇储备是典型池子[EB/OL]. http: //news. hexun. com/ 2010-12-15/126209337. html，2010-12-15.

[85] 闫海亭. 上海交大海外教育学院高端讲座：伦敦同业拆借利率[EB/OL]. http: //finance. eastmoney. com/news/1586，20120806243391984. html，2012-08-06.

[86] 国家统计局. 11 月 CPI 同比上涨 2%[EB/OL]，http: //business. sohu. com/20121209/ n359904554. shtml，2012-12-09.

[87] 新华网. "指引"频出：中国加强对商业银行风险管理[EB/OL]. http: //news. xinhuanet. com/ fortune/2010-01/14/content_12810835. htm.

[88] 中国银行业监督管理委员会官方网站. 商业银行资本管理办法(试行)[EB/OL]. http: // www. cbrc. gov. cn/chinese/home/docDOC_ReadView/ 79B4B184117B47A59CB9C47 D0C199341.html，2012-06-08.

[89] 中国银行业协会. 逾八成银行家认为应审慎推进资产证券化[EB/OL]. http: //finance. chinanews. com/fortune/2012/12-26/4440713. shtml，2012-12-26.

[90] 招商银行官方网站. 关于进一步扩大信贷资产证券化试点有关事项的通知[EB/OL]. http: //custody. cmbchina. com/cmbcustody/aspxbin/reveal/detailinfo. aspx?newsid= 99032， 2013-1-21.

[91] 吴定富. 正确把握保险业面临的新形势，促进保险业平稳较快发展[J]. 保险研究， 2011(1)：3-11.

[92] 上海证券交易所. 中国平安保险(集团)股份有限公司 2012 年年报[EB/OL]. http: //static. sse.com.cn/disclosure/listedinfo/announcement/c/2013-03-14/601318_2012_n. pdf，2013-3-15.

[93] 中国人民银行官方网站. 2012 年第二季度中国货币政策大事记[EB/OL]. http: //www. pbc.gov.cn/publish/zhengcehuobisi/361/2012/20120810161143550143440/2012081016 11 43550143440_. html，2012-12-10.

[94] 李雄军，曹飞. 扩大居民消费的税收政策探讨：以金融为视角[J]. 税务与经济， 2012(3)：93-96.

[95] 杨越涵. 论开征遗产税的必要性及其制度设计[J]. 西部财会，2011(8)：20-23.

[96] 国家税务总局. 国家税务总局关于切实加强高收入者个人所得税征管的通知[EB/OL]. http: //www. chinatax. gov. cn/n8136506/n8136593/n8137681/n11620715/ n11649202/ 11650046. html

[97] 安体富. 探讨个人所得税改革的几个问题：兼评《个人所得税法修正案(草案)》[J]. 地方财政研究，2011(7)：4-15.

[98] 陈利军，张薇. 浅析我国个人所得税改革中的问题及对策[J]. 中国流通经济，

2011(11)：123-127.

[99] 刘佐. 关于目前中国开征遗产税问题的一些不同看法[J]. 财贸经济，2003(10)：74-77.

[100] 张永忠. 遗产税：不可或缺的社会心理疏导机制[J]. 税收经济研究，2011(4)：23-25；37.

[101] 林国建. 从美国遗产税"空窗期"看我国遗产税的开征[J]. 涉外税务，2011(3)：49-52.

[102] 刘荣. 试析关于我国开征遗产税存在的争议[J]. 财会研究，2011(9)：18-19；26.

[103] 新华网. 国办关于实施《国务院机构改革和职能转变方案》任务分工的通知[EB/OL]. http://news. xinhuanet. com/fortune/2013-03/28/c_115200485_3. htm，2013-3-28.

[104] 肖捷. 继续推进增值税制度改革：完善有利于结构调整的税收制度[EB/OL]. http://www. chinatax. gov. cn/n8136506/n8136608/n9947993/n9948014/11921314. html，2012-9-2.

[105] 国家税务总局. 关于加强白酒消费税征收管理的通知[EB/OL]. http://www. chinatax. gov. cn/n8136506/n8136563/n8193451/n8946067/n8951099/9275275. html，2012-9-2.

[106] 吴君亮. 公共预算的三个账本[J]. 财经，2012(8)：64-65.

[107] 张志红. "三公"经费管理中存在的问题及治理对策[J]. 审计与理财，2011(10)：30-32.

[108] 张璐晶. "三公"公开要有"条条框框"[J]. 中国经济周刊，2012(23)：28-29.

[109] 凤凰网. 遏制三公消费，向香港学习[EB/OL]. http://news. ifeng. com/opinion/ special/ hongkongsangongxiaofei/，2012-9-2.

[110] 高培勇. 公共财政:概念界说与演变脉络:兼论中国财政改革30年的基本轨迹[J]. 经济研究，2008(12)：4-16.

[111] 宫晓霞. 财政支出结构的优化路径：以改善民生为基调[J]. 改革，2011(6)：102-108.

[112] 温家宝. 要高度重视保障性安居工程几个关键环节[EB/OL]. http://news. china. com. cn/politics/2012-09/02/content_26402437. htm，2012-9-3.

[113] 易纲. 13%广义货币增速不低 已考虑货币化等因素[EB/OL]. http://news. hexun. com/2013-03-06/151763967. html，2013-3-6.

[114] 中国人民银行. 2012 年金融统计数据报告[EB/OL]. http://www. pbc. gov. cn/publish/goutongjiaoliu/524/2013/20130109165552137337875/2013010916555213733 7875_. html，2013-3-25.

[115] 陈四清. 商业银行转型攻坚[J]. 财经，2012，(增2)：72-74.

[116] 付文林. 住房消费、收入分配与中国的消费需求不足[J]. 经济学家，2010，(2)：55-60.

[117] (美)杰弗里·萨克斯、(美)费利普·拉雷恩. 全球视角的宏观经济学[M]. 费方域，等，译.

上海：上海人民出版社，2003.

[118]　(美)雷蒙德·W·戈德史密斯.金融结构与金融发展[M].周朔，郝金城，等，译.上海：
上海人民出版社，1994.

[119]　易纲，宋旺.中国金融资产结构演进：1991-2007[J].经济研究，2008，(8)：4-15.

[120]　腾讯财经.专业机构投资者持有 A 股流通市值比重 17.2%[EB/OL].http: //finance. qq.
com/a/ 20091203/004806. htm，2009-12-03.

[121]　李雄军.中国股市过度波动的原因分析[J].广东金融学院学报，2007，(6)：69-71.

[122]　全国社保基金理事会官方网站，全国社保基金理事会简介[EB/OL].http: //www. ssf.
gov. cn/jj/ qgsbjj/200812/t20081208_1019. html，2010-3-16.

[123]　郭树清.鼓励养老金住房公积金入市[EB/OL]，http: //news. xinhuanet. com/
fortune/2011-12/16/c_122432025. htm，2011-12-16.

[124]　全国社保基金理事会官方网站,社保基金会举办养老金投资国际研讨会.http: //www.
ssf. gov. cn/xw/wzxw/201205/t20120525_5234. html，2012-5-25.

[125]　新浪财经.美国证交会永久性禁止裸卖空操作[EB/OL].http: //finance. sina. com. cn/
stock/usstock/c/20090728/03286535248. shtml，2012-05-29.

[126]　中国金融网.中国银行业从容应对巴塞尔三 各国参差不齐[EB/OL].http: //www.
zgjrw. com/ News/20121224/home/84722711500. shtml，2012-12-24.

[127]　任志强.任志强抛"房奴励志论".提前还贷多为年轻人[EB/OL].http: //tj. focus.
cn/news/ 2012-07-16/2163119. html，2012-07-16.

[128]　新华网.享 7 折利率购房者提前还贷未必划算[EB/OL].http: //news.xinhuanet.com/
house/ 2012-12/26/c_124149301. htm，2012-12-26.

[129]　项俊波.坚持"抓服务、严监管、防风险、促发展"促进保险业又好又快发展[J].保
险研究，2012，(1)：3-13.

[130]　和讯网.个税递延保险或再起波折[EB/OL].http: //insurance. hexun. com/2013-03-25/
152437573. html，2013-3-25.